JN103750

図 1 この本で作るゲームの画面（1.3 節参照）

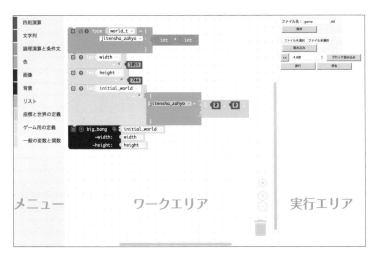

図 2 この本で使用するプログラミング環境（1.6 節参照）

1

図 3 自宅（青），配送先（赤），道路（緑）を明示した画面
（3.2 節，8.2 節参照）

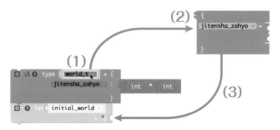

図 4 ブロックをドラッグする様子．(1) world_t の部分
をクリックし，(2) そのままドラッグすると world_t
型の空のレコードが作られるので，(3) それを let ブ
ロックのコネクタにつなげる．（4.8 節参照）

Computer and Web Sciences Library ②

コンピュータを操る

プログラミングを通して「情報科学的なものの考え方」を学ぶ

浅井 健一 著

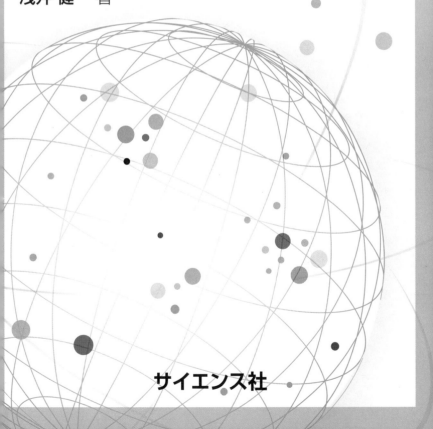

サイエンス社

編者まえがき

文部科学省は 2020 年度に小学校においてもプログラミング教育を導入するとしました。これは、これからの社会を生き抜くためには、すべての国民がコンピュータと Web に関して、一定の「リテラシ」を身に付けておかねばならないという認識の表れと理解します。この Computer and Web Sciences Library 全 8 巻はそれに資するために編纂されました。小学校の教職員や保護者を第一義の読者層と想定していますが、この分野のことを少しでも知っておきたいと思っている全ての方々を念頭においています。

本 Library はコンピュータに関して 5 巻、Web に関して 3 巻からなります。執筆者にはそれぞれの分野に精通している高等教育機関の教育・研究の第一人者を充てました。啓蒙書であるからこそ、その執筆にあたり、培われた高度の識見が必要不可欠と考えるからです。

また、本 Library を編纂するにあたっては、国立大学法人お茶の水女子大学附属小学校（池田全之校長）の協力を得ました。これは同校とお茶の水女子大学の連携研究事業の一つと位置付けられます。神戸佳子副校長を筆頭に、同校の先生方が、初等教育の現場で遭遇している諸問題を生の声としてお聞かせ下さったことに加えて、執筆者が何とか書き上げた一次原稿を丁寧に閲読し、数々の貴重なご意見を披露して下さいました。深く謝意を表します。

本 Library が一人でも多くの方々に受け入れられることを、切に願って止みません。

2018 年秋 　　　　　　　　　　　　　お茶の水女子大学名誉教授

　　　　　　　　　　　　　　　　　　　工学博士 増永良文

まえがき

　小学校でプログラミングを教える時代になりました．なぜ，そのように小さいうちからプログラミングを教えるのでしょうか．それは，プログラミングの際に用いられる考え方「情報科学的なものの考え方」が広く実生活で役に立つと考えられているからです．この本では，それがどのような考え方なのかを解説します．

　私たちは日常生活で様々な問題を解いています．例えば，旅行を計画しているとしましょう．すると，行き先はどこにするか，どういう交通手段を使うか，無理のない時間に目的地に着けるか，など多くの問題を知らず識らずのうちに解いています．そのような問題を解いているときに使われている考え方は，実はプログラミングをしているときに使われる考え方ととても近いのです．

　一度，プログラミングがどういうものかを理解すると，普段の問題解決のときにも状況を分析し，モデル化して，論理的に対処できるようになっていきます．これまで，プログラミングと言えば専門家がするものでしたが，今や誰もがその考え方を学び，適切に問題を処理する力を身につける時代になっているのです．

　プログラミングがどういうものかを理解するには，実際にプログラミングをしてみるのが早道です．この本では，簡単な例題を使ってコンピュータを操る，プログラミングをするというのがどういうことなのか，そこで使われる考え方が日常生活における問題解決にどのように役に立つのかを解説します．

　ですが，この本の目標は特定のプログラミング言語を習得することではありません．そうではなく，その背後にある「情報科学的な

ものの考え方」を感じ取るのがこの本の目標です．この本でも特定のプログラミング環境（OCaml Blockly）を使ってプログラミングを行いますが，実際に自分でプログラミングをしなくても，この本を読んでいるだけで背後の考え方を理解できるようになります．

　対象とする読者は，情報科学を専門とはしない人たちです．何も前提知識を仮定していませんので，誰でもプログラミングがどういうものなのかを知ることができます．この先，自分ではプログラミングをすることがなくても，プログラミングがどのようなものかを知っていることには大きな意義があります．これからの時代，常識となっていく「情報科学的なものの考え方」を楽しみながら身につけてもらえたらと思います．

　私にとって2冊目の執筆となるこの本も，多くの方の力を借りて書き上げることができました．お茶の水女子大学名誉教授の増永良文先生には，この本の執筆を誘っていただきました．お茶の水女子大学附属小学校の神戸佳子副校長，廣瀬修也教諭，東京工業大学の叢悠悠氏，お茶の水女子大学の石尾千晶氏からは原稿に関する詳細なコメントをいただきました．お茶の水女子大学の私の研究室の学生さんにはOCaml Blocklyの実装をサポートしていただきました．また，サイエンス社の田島伸彦，足立豊両氏には編集上の様々なアドバイスをいただきました．お世話になった全ての方々に，この場を借りて心より感謝申し上げます．

　2020年2月13日　　　　　　　　　　　　　　　　　浅井 健一

目　　次

サイエンス社のホームページのご案内

https://www.saiensu.co.jp

ご意見・ご要望は　rikei@saiensu.co.jp　まで.

1 はじめに

　多くの人がスマホやタブレット，コンピュータを日常的に使うようになってきました．外出のときには，スマホに行き先を入力すれば道順をわかりやすく教えてくれますし，家族や友人との連絡も簡単にできます．また，知りたい情報の収集やオンラインショッピング，ゲームなど，実に様々なことを実現できます．さらに，コンピュータを使えば文書作成や表計算など，より複雑なこともできます．

　初めてこれらの電子機器に触れたときは，その便利さと無限とも思われる可能性に大きく想像力をかきたてられたことでしょう．新しい使い方をひとつ覚えては「ああ，こんなこともできるんだ」と感心し，複雑な機能を知ったときにはそれをマスターするのに四苦八苦したことと思います．

1.1 コンピュータは本当に便利か

　しかし，慣れてくると次第にひとつのことに気がつきます．コンピュータは，あらかじめ決められたことしかできないのです．例えば，電車の乗換案内を考えてみましょう．職場から家に帰るのに途中で乗り換えが必要で，その待ち時間がどのくらいかを職場を出るときに調べたいとします．乗換案内は普通，乗車駅と降車駅，そして

乗車時刻（または降車時刻）を入力すれば自動的にいろいろな経路を出してくれます．最初のうちはそれで十分に便利でしょう．しかし，毎日のように使っていると，乗車駅と降車駅や時刻の入力が面倒になってきます．さらに，帰る経路は決まっているので複数の経路を示すのではなく指定された経路のみを表示してくれた方が見やすいでしょう．おそらく最も便利なのは，乗換案内を起動したら他に何も操作することなく「現在の時刻に職場から乗車駅までの歩く時間を自動的に加え，その時刻からあらかじめ指定された駅間の指定された経路を表示」してくれるものでしょう．そのようなことをする機能があらかじめ乗換案内に備わっていれば問題解決です．しかし，備わっていなければ毎回，自分ですべて入力しなくてはなりません．

別の例を考えてみましょう．洞窟を探検するゲームをしていたとします．ゲーム内での時刻が夕方になると，その日の冒険を終えてゲームスタート地点にある家に戻ります．ゲームを始めてすぐは，家に帰るときにも何かが起こるかもしれないとワクワクしながらゲームをしたに違いありません．しかし，家の付近では何も起こらないことがわかってくると，次第にいちいち家に戻る操作をするのが面倒になってきます．ここで，もしゲームの作者があらかじめ「何もせずに家に戻る」機能を作っていてくれれば，それを利用して面倒な操作を避けることができます．しかし，そのような機能が備わっていなければどうすることもできません．

このようにして見てくると，最初は便利そうに見えたコンピュータですが，実際にはあらかじめ提供されている機能を使うだけ，その使い方を習得するだけのように思えてきます．でも，コンピュータの可能性は無限ではなかったのでしょうか．

1.2 **コンピュータの可能性**

　この本では，これまでの単に与えられた機能を使うだけだったコンピュータを離れ，そもそもコンピュータを利用する，コンピュータを使って自分の解きたい問題を解決するというのがどういうことなのかを考えていきます．それを通してコンピュータの無限の可能性に触れていきます．

　コンピュータのすごいところは，いろいろなことをできる機能が備わっていることではなく，そのような機能を自在に作り上げることができるところです．例えば，これまでにない全く新しい自分オリジナルのゲームを考えついたとしましょう．そのゲームを目の前にあるコンピュータで今すぐ遊ぶことはできません．まだ，誰もそのゲームを作り上げてはいないからです．ですが，ひとつひとつ順を追って組み上げていけば，いずれそのゲームをコンピュータの上で実現できる可能性を秘めているのです．

　もちろん，ゲームを作り上げるのは簡単なことではありません．本格的なゲームであれば，誰でも気軽に作れるというわけにはいかないでしょう．しかし，ひとつひとつ組み上げていけば実現できるかもしれないというのには夢があります．そこには，無限の可能性が感じられます．

1.3 この本で目指すこと

この本では，ふたつの具体的な問題を通して，コンピュータを使って自分の解きたい問題を解くというのがどういうことかを考えていきます．ひとつ目の問題は誰にでもすぐに解くことのできる簡単な問題です．

問題1：身長，体重の平均値

あなたは小学校の校長先生です．このたび，児童の身長と体重の平均値を学年別に求めることになりました．どうすればよいでしょうか．

ここでは，この問題をコンピュータの原始的な形である電卓を使って解くことを考えます．この問題の意図は，誰にでも解ける簡単な問題を使って，そもそも問題解決とはどのようなものかを注意深く観察してみようということです．普段，私たちはいろいろなアイディアを使って問題解決をしています．その中には，コンピュータに応用できる考え方がたくさん含まれています．ここでは，簡単な問題を観察することで問題解決の基本的なイメージをつかむとともに，ここでの観察をコンピュータを使って問題解決をするときの指針とします．

ふたつ目の問題はもう少し複雑な問題，すぐにはどうしたらよいのかわからない問題です．

問題2：牛乳とヨーグルトの配送

あなたは地元で牛乳とヨーグルトの配送サービスを仕事にしています．どのように牛乳とヨーグルトを届けたらよいでしょうか．

　この問題の特徴は，そもそも問題設定が十分に与えられていない
ところです．これでは問題の解きようがないと思うかもしれません．
でも，考えてみるとこの問題は配送サービスを始めようと思ったら必
ず考えなくてはならない問題です．そのような現実的な問題を通し
て，コンピュータを使った問題解決に必要な考え方を学びます．

　ここでとりあげる配送問題は，実は簡単には解けないことが知ら
れています．この問題を考える意図は，そのような解くのが難しい
問題をどうやって解いたらよいかを解説することではありません．
実際，この本で具体的な配送ルートを示すことはしません．そうで
はなく，答えのわからない問題に直面したときに，どのようなアプ
ローチが考えられ，そこでコンピュータをどのように使うことがで
きるのかを考えていきます．

　この本で示す解は，配送サービスを行うシミュレーションゲーム
を作るというものです．牛乳とヨーグルトの具体的な配送方法を示
すのではなく，やってみたらどうなるかを遊びながら体験できるシ
ミュレーションゲームを作ります．「どのように届けたらよいか」
という最初の問題を直接，解くのではなく「シミュレーションゲー
ムを作るにはどうしたらよいか」という別の問題を解き，それを通
して元の問題に思いを馳せることにします．

　できあがるゲームの画面を巻頭の図 1 に示しました．1.6 節に示
すウェブサイトにアクセスすると実際に遊ぶことができますので，
まずはそこで遊んでみてください．

　このゲームでは，コンピュータ上に再現された街で，自宅（画面
中央下の「うま牛乳」）から各家に牛乳とヨーグルトを届けます．以
下は自宅付近の拡大図です．

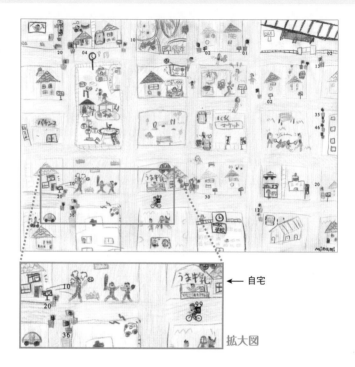

← 自宅

拡大図

配送先は（巻頭のカラーの図では）オレンジの旗で示されています．「牛」は牛乳の，「ヨ」はヨーグルトの配送先です．少しずれていますが，旗の付近に書かれているふたつの数字が，それぞれ必要な牛乳，ヨーグルトの量を示しています．あなたは自宅から自転車に乗ってこれらの配送先に牛乳，ヨーグルトを届けます．自転車に積まれている牛乳，ヨーグルトの量は自転車右上のふたつの数字で示されています．このゲームでは，実際にいろいろな配送ルートを試すことができ，その結果どのようになるのかを疑似体験することができます．

1.4 作成するゲームの特徴

　このゲームの特徴は，あらかじめどのようなゲームになるのかが固定されていないことです．この本では先に紹介した形のゲームを作りますが，プログラムを変更すれば読者の皆さんの好きなようにゲームを作ることができます．上に示したゲーム画面では街がかなり単純な形をしていますが，現実の街の地図上のゲームとすることも可能です．また，のどかに配送するのではなく，すべての家に配り終えるまでにかかる時間を競うゲームにすることもできれば，逆に制限時間内にどれだけの家に配れるかを競うゲームにすることもできます．さらに，各家で必要な牛乳，ヨーグルトの量がリアルタイムに変化していくゲームにすることもできます．

　このように，どのようなゲームでも作れるという状況になると，そもそも「私たちがどのようなゲームを作りたいのか」を考えることが重要になってきます．作りたいゲームの構想をしっかりと立て，それを適切にコンピュータに示す必要が出てきます．そのようにして初めて，コンピュータは私たちが望んだ通りの動作をすることになるのです．

　この本では，配送サービスのシミュレーションゲームの作成を通して，ゲームを作成するには何が必要か，さらに一般に問題を解決するには何が必要かを考えていきます．ここで，目指しているのはゲームの作り方一般，問題解決一般に必要な考え方であることに注意をしてください．具体的な配送シミュレーションゲームを題材にしていますが，ここで述べる考え方は日常生活で遭遇する様々な問題を解決するのに役に立つ考え方です．

1.5 情報科学的なものの考え方

コンピュータに私たちの考えを伝える作業はプログラミングと呼ばれます．この本では，配送サービスのシミュレーションゲームを題材にしてプログラミングの基礎的な考え方を学ぶとともに，実際にゲームを作成することでプログラミングを体験します．普通，プログラミングを行うためには，特定のプログラミング言語と，プログラムを作成，実行するためのプログラミング環境が必要です．この本でゲームを作るときにも専用のプログラミング環境を使用します．ですが，特定のプログラミング言語を習得するのは目指すところではありません．むしろ，その背後にあるプログラミング的なものの考え方，論理的なものの考え方を学ぶのがこの本の目的です．

この本ではこのようなものの考え方を総称して**情報科学的なものの考え方**と呼びます．これは Computational Thinking と呼ばれる考え方を筆者が独自に解釈したものです．これには，問題解決のときに必要な考え方やプログラミング的なものの考え方，論理的なものの考え方などが広く含まれます．それらをひとつひとつ順に説明していきます．

近年，情報科学的なものの考え方が重要視され始めてきており，小学校の段階からそのような考え方を教えるようになってきています．その一環としてプログラミングがカリキュラムに取り入れられつつあります．これは，プログラミングに含まれるものの考え方が，プログラミングだけでなく広く実生活に役に立つと考えられるようになってきたためです．これまで，小学校では誰もが読み書きそろばんを習ってきました．それと同じように，これからは情報科

学的なものの考え方を誰もが学ぶようになります．これは，情報科学的なものの考え方がどのような道を進む人にとっても実生活に役に立つ基本的なことがらだからです．それがどのような考え方なのかを一緒に楽しく見ていきましょう．

1.6 この本で使用する環境

この本で使用するプログラミング環境は OCaml Blockly と呼ばれるブロックプログラミング環境です．Safari や Chrome, Internet Explorer といったブラウザさえあれば，特にソフトウェアなどをインストールすることなく誰でも以下のウェブサイトから使うことができます．

http://pllab.is.ocha.ac.jp/~asai/book2/

ブロックプログラミング環境というのは，命令文（プログラム）を文字で入力するのではなく，ブロックを組み立てて作り上げることのできる環境のことです．現在，広く使われているブロックプログラミング環境としては Scratch[1] や Blockly[2] などがあげられます．OCaml Blockly は Blockly をベースにして作られたプログラミング環境ですが，中で扱っている言語を OCaml[3] というプログラミング言語にしたものです．ブロックを使って簡単にプログラミングをできるようになっていますが，そこで作られるプログラムは大学の授業で扱うような OCaml による本格的なプログラムに

---

[1]https://scratch.mit.edu
[2]https://developers.google.com/blockly/
[3]http://ocaml.org

なっています.

　読者の皆さんは是非, 上のウェブサイトにアクセスして実際にプログラミングを体験してください. 自分でプログラミングを行うと, コンピュータがこちらの指示通りに動いているということを実感できるとともに, 正しく指示を与えるには何を考えなければいけないのかを深く考えることができるようになります. しかし, 実際に体験はしなくても, その様子を想像しながらこの本を読み進めることでも情報科学的なものの考え方を感じ取ることはできると思います.

　OCaml Blockly のプログラミング環境は以下のような構成になっています.（巻頭の図 2 にカラーの図を載せています.）

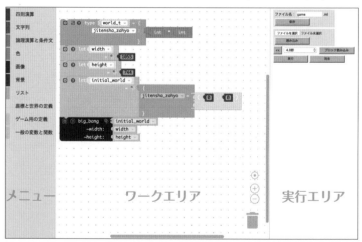

左側のメニューからブロックを選び, 真ん中のワークエリアでブロックを組み立ててプログラムを作ります. できあがったら右側の実行エリア上部の「実行」ボタンで実行します. 実行結果は「実

行」ボタンの下に現れます．作ったプログラムは「保存」ボタンで
OCaml のプログラムとしてダウンロードして手元に保存すること
ができます．また「読み込み」ボタンで保存したプログラムを読み
込むことができます．

　この本に出てくるプログラムは上記のプログラミング環境にあら
かじめ登録してあります．それを読み込めば，自分でブロックを作
らなくても組み上がったブロック（プログラム）を見ることができ
ます．メニューからどの節のプログラムを読み込みたいかを選んで
「ブロック読み込み」ボタンを押してみてください．読み込んだブ
ロックは自由に組みかえられますので，組み上がったブロックを元
にして，さらに自分の思うように変更することもできます．

2 問題解決の全体像

この章では簡単な問題を例にとって，問題解決に必要なことがらを洗い出してその全体像を探ります．扱う問題は，次の問題1です．

> **問題1：身長，体重の平均値**
>
> あなたは小学校の校長先生です．このたび，児童の身長と体重の平均値を学年別に求めることになりました．どうすればよいでしょうか．

2.1 データの収集

全児童の身長と体重の平均値を求めるためには，各児童の身長と体重が必要です．幸いこの小学校では間もなく身体測定を行います．そこで各児童の身長と体重のデータを集めることにしましょう．それぞれの児童のデータとしては何があればよいでしょうか．もちろん身長と体重が必要ですが，求める平均値は学年別にしたいので，さらに学年のデータも欲しいところです．すると，児童ひとりにつき以下のようなデータを集めることになります．

$$4 \text{ 年生, } 131.6 \text{ cm, } 27.5 \text{ kg}$$

ここで，最初の項目である学年は1年生から6年生までのどれかで

す．身長と体重の単位はそれぞれ cm, kg で，小数点以下第 1 位まで測定することにしましょう．単位が変わると値も変わってしまうので単位を定めておくのは大切です．

　必要なデータが定まったので身体測定を行いましょう．全校児童をひとりずつ順番に身体測定をするのは時間がかかります．そこで，体育館に 6 つの測定器を用意して学年別に並行して身体測定を行います．各学年はクラスごとに測定を行い，測定結果を 1 枚の紙に記します．この小学校は各学年それぞれ 3 クラスです．これで身体測定を行うと，まず各学年の 1 組のデータが集まり，次に 2 組，最後に 3 組のデータが届きます．全学年，全クラスのデータが届いたらデータの収集は終了です．

2.2 データの整理

　データが集まったら，次にデータの整理を行います．と言っても身体測定の場合は簡単です．まず，各クラスのデータに抜けがないことをチェックします．同じクラスの児童は全員，同じ学年なので，クラスごとに何年生なのかが書かれていれば，各児童のところに個別に書いていなくてもよしとしましょう．データのチェックが終わったら，各クラスごとにばらばらに届く結果を学年別にまとめておきましょう．

　これで，手元には学年，身長，体重が記された紙が各学年ごとに 3 枚，合計 18 枚揃いました．これで，身長と体重の平均値を求める準備が整いました．

2.3 問 題 の 分 割

データが揃ったら平均値を計算するのですが，その前に意識せず
に当たり前のこととして行っていることに目を向けておきましょ
う．それは，問題の分割です．今，求めたい平均値は学年ごとの平
均値です．したがって，平均値を計算する前にデータを学年ごとに
分割します．さらに，身長と体重の平均値を求めるわけですが，こ
れも身長の平均値を求める問題と体重の平均値を求める問題に分解
できます．加えて，もし各学年の児童数があらかじめわかっていな
いなら，児童数を数えるという作業も必要になります．

2.4 計 算

いよいよ平均値の計算を行いましょう．まずは 1 年生の身長の平
均値を求めます．1 年生全クラスのデータをそれぞれ記した 3 枚の
紙を用意し，そこに書かれている身長をすべて加えます．これには
電卓を使いましょう．ひとり目の身長を電卓に入れ，そこにふたり
目の身長を加えます．これを 1 年生全員の身長に対して行います．

最後まで加え終わったら，その数を 1 年生の人数で割りましょ
う．これで 1 年生の身長の平均が求まります．同様に体重の平均も
求めましょう．以上で 1 年生の身長と体重の平均が求まりました．

2.5 抽 象 化

　1年生の身長と体重の平均が求まったら，次に2年生に進みます．これを6年生まで続ければすべての学年の平均値を求めることができますが，ここで少し立ち止まって作業内容を整理しておきましょう．1年生の平均値を求めるためには以下の作業を行いました．

(1) 1年生 の身長と体重の書かれた紙を3枚，用意する．

(2) （あらかじめわかっていないなら） 1年生 の人数を数える．

(3) 電卓を使って前から順にすべての身長を加える．

(4) その合計を 1年生 の人数で割って 1年生 の身長の平均を出す．

(5) 電卓を使って前から順にすべての体重を加える．

(6) その合計を 1年生 の人数で割って 1年生 の体重の平均を出す．

このように作業内容を整理することには多くの利点があります．まず，この作業を別の人にお願いすることができるようになります．行うべき作業が明確に述べられているので，この作業は上の指示を理解できる人なら誰でも行うことができます．さらに，作業を行うのは別に人でなくても構いません．もし，コンピュータが上の指示を理解できるなら，コンピュータに上の作業を任せることもできるようになるのです．

　次に，上のように作業内容を整理しておくと，これをいろいろな場面で使うことができるようになります．上の例では，作業内容の「1年生」と書かれている部分を「2年生」に置き換えれば2年生の平均値を求めることができます．このように作業内容の一部を置き

換えられるようにすることを**抽象化**と言います．作業内容の「1 年生」の部分を「n 年生」に抽象化して，n に別の数字を入れることで何年生にも使えるようにした，ということです．

　作業内容を抽象化すると，それを使用できる機会は大きく広がります．逆に，作業内容の記述量は大きく減らすことができます．上に書いた 1 年生用の作業内容は 6 項目からできていました．もし，同じように全学年用の作業内容を愚直に書き出すとすると，6 倍して 36 項目にもなってしまいます．しかし，一度，抽象化しておくと，上に書いた 6 項目の作業内容を n を変化させながら 6 回，繰り返すと書けばよくなります．

　また，抽象化した作業内容を繰り返す形にすると，各学年の作業はデータが異なるだけで作業自体はほとんど同じであることが明確になります．36 項目の作業内容を提示されたら，学年ごとに異なる作業を要求されている可能性を考えなくてはなりませんが，繰り返しの形にすることでよりわかりやすい作業内容の提示ができているのです．このように作業内容を整理・抽象化すると，分業が可能になるばかりでなく作業内容の理解の助けにもなります．

　上に示した作業内容は，さらに抽象化できる場所があります．それは身長・体重を求める部分です．作業 (3), (4) と作業 (5), (6) は，求める平均が身長なのか体重なのかが異なるだけで具体的な作業内容はほとんど同じです．作業 (3), (4) の「身長」の部分を抽象化して，そこを「体重」に置き換えてあげれば作業 (5), (6) が得られます．それを通して作業 (3), (4) と作業 (5), (6) の内容がほとんど同じであることを明確にすることができます．

2.6 並 列 化

　作業内容を抽象化して同じことをしている部分を際立たせると，さらに別の利点が生まれます．処理の**並列化**です．同じ処理を各学年に対して独立に施しているということがわかれば，それらを順にひとつずつ行うのではなく，人手を増やして同時に行うことができるようになります．また，身長の平均を求める部分と体重の平均を求める部分も同時に行うことができます．

　並列化しても全体の作業量は変化しませんが，同時に作業を進めることができるので作業を早く終えることができます．多くの人手を使える場合には有効な手段になります．身体測定を行うときに測定器を 6 つ用意して同時に測定を行いましたが，これも並列化のひとつです．

2.7 本章のまとめ

　以上で身長と体重の平均値を求める問題は終了です．全体として，データの収集と整理，問題の分割，平均値の計算を行いました．その際，抽象化や並列化といったことにも触れました．各々について，細かいところまで詳しく述べて来ましたが，ここで見て来たことは大きな問題を解くときに役に立っていきます．これを念頭に置きながら，この先の章では問題 2，つまり牛乳とヨーグルトの配送問題を考えていきます．

　問題 1 では単に電卓を使用するだけでしたが，問題 2 ではいよいよコンピュータを使います．

3 データを集めて分析する

この章からは牛乳とヨーグルトの配送サービス問題を扱います.

問題2：牛乳とヨーグルトの配送

あなたは地元で牛乳とヨーグルトの配送サービスを仕事にしています. どのように牛乳とヨーグルトを届けたらよいでしょうか.

この先の目標は, この配送サービスを行うシミュレーションゲームを作成することです. その最初の一歩として, ここではデータの収集と分析を行います.

3.1 必要なデータの特定

問題1では, 最初に全児童の学年, 身長と体重のデータを集めました. これは, 学年別の身長と体重の平均値を求めるためにはこれらのデータが必要なことが明らかだったからです. しかし, 問題2ではそもそもどのようなデータが必要なのかが明らかではありません. そこで, まずはどのようなデータが必要なのかを考えてみることにしましょう.

牛乳とヨーグルトを届けるためには, まず届け先の情報が必要です. 配送サービスを始めたときに, 配送希望者には申込書を書いて

もらっており，そこに名前や住所の情報が書いてあります．それを見れば届け先がわかります．

次に，各家庭に届ける牛乳とヨーグルトの量が必要でしょう．必要な牛乳とヨーグルトの量は各家庭によって異なります．また，牛乳とヨーグルトを両方とも届けてもらうのではなく，片方のみを希望する人もいます．これらの情報も配送の申込書に書かれているでしょう．

ここまでの情報はどれも申込書に書いてありました．では，申込書があれば配送サービスを行うことができるでしょうか．実は，これ以外にもうひとつ，暗黙のうちに仮定されている情報があります．それは地図です．たとえ届け先の住所がわかっても，地図がなければ道がわからず届けることができません．私たちは，付近の住所であれば頭に入っているので地図がなくても届けることはできます．しかし，コンピュータ上でシミュレーションゲームを作るためには地図情報は必須です．コンピュータは，私たちとは違って地元の地図が頭に入っていないからです．

以上で必要なデータを特定することができました．配送の申込書と地図があれば配送の状況を再現してシミュレーションを行うことができそうです．問題1では身体測定を行ってデータを集めましたが，ここでは申込書と地図はすでに手元に揃っているものとします．

3.2 データの整理，分析

　必要なデータが揃ったらデータの整理と分析を行います．各家庭に届ける牛乳は 1 本 200 ml でヨーグルトは食べきりサイズの 1 個 75 g です．それぞれ 1 本，1 個単位で必要な数だけ届けます．必要な数は申込書に記入してもらっていますので，その一覧表を用意しておけばよいでしょう．

　一方，届け先の住所については少し考えなくてはいけません．もちろん，申込書に住所を書いてもらっていますので，一度，すべての住所が正しいことを確認したら，住所の一覧表を作っておくだけで情報としては十分です．しかし，届けるたびに住所を見るのは面倒です．牛乳とヨーグルトを届けるのは毎日のことですから，あらかじめ住所を調べて地図に記入しておくのが良さそうです．

そこで，まず地図を用意し，そこに自宅と届け先の家（の前の道路）に目印をつけます．

前頁の図は，地図に自宅（中央下の「うま牛乳」）と届け先（16か所）に目印をつけたものです．（巻頭の図 3 には，同じものをカラーで載せています．）この地図には，さらに通ることのできる道も示しています．この道を通って届け先まで行くという意味です．例えば，自宅から左上の届け先に行くには，まず左に進んでから上に行く道，あるいは先に上に進んでから左に行く道などがあることがわかります．

3.3 モ デ ル 化

先ほどの地図（あるいは巻頭の図 3 の地図）をよく見ると，例えば画面右下の部分など道路を示す線と背景に描かれている道路がずれていることがわかります．これは，横に通る道路は水平な直線，縦に通る道路は垂直な直線にしてしまっているためです．このようにしているのは，道路を水平，垂直の直線にしておくと後で配送シミュレーションゲームを作るときに少し楽になるからです．

このように本当のデータからは少しずれているけれども，簡単な形で表現することをモデル化といいます．モデル化を行うと，不要な情報を削除し必要な情報のみを簡潔に表現できるようになります．一方で，本当のデータから誤差が生じるため，不正確になる危険性があります．そのため，そのようなモデル化を行っても大丈夫かは少し考える必要があります．配送シミュレーションゲームの場合は，道路から少しはみ出て走ることができてしまう（逆に，道路

なのに走れない部分ができてしまう）ことになりますが，そこは目をつぶることにします．

　普段，私たちが問題を解くときには，いろいろなところで意識することなくモデル化を行っています．例えば，問題 1 で測定した身長，体重は小数点以下第 1 位までとしましたが，これもモデル化といえなくはありません．これは，それ以上，正確な値は不要と判断したということになります．上手にモデル化を行うと不要な情報を削除し，計算を簡略化して，問題を整理することができるようになります．

3.4 本章のまとめ

　この章では，配送シミュレーションゲームに必要なデータを特定し，整理，分析しました．配送先の住所や道路の情報などは地図上の位置として簡潔にモデル化しました．その際，道路の情報など一部，不正確になる部分があることを見てきました．

　データの収集と整理，分析は，どのような問題を解くときにも出てくる必要な操作です．問題が複雑でどのように手を出したらよいのかわからないときには，まずこれらを行うと，その後にしなくてはならないことが明らかになっていきます．また，モデル化を行うことで問題が単純化されて問題解決の方針が立つこともあります．問題解決の最初にこのような段階が存在することを知ることが問題解決の第一歩になります．

　次の章では，収集した情報をコンピュータ上で表現していきます．

4 データをコンピュータ上で表現する

　前の章では，シミュレーションゲームに必要なデータを特定しました．この章では，いよいよそれをコンピュータに入れていきます．でも，そもそもコンピュータにデータを入れるというのはどういうことでしょうか．それを考えるために，まずは電卓ではどうしていたのかを振り返っておきましょう．

4.1 電卓におけるデータの表現

　身長と体重の平均を求める問題では，平均を求めるのに電卓を使いました．具体的には，ひとり目の身長を電卓に入れ，そこにふたり目の身長を加え，これを全員の身長に対して行いました．つまり，電卓には「これまでの身長の合計値」を表す数を入れ，それを順次，更新していったことになります．

　ここで，電卓を使うときに暗黙のうちに仮定していたふたつのことを明確にしておきましょう．ひとつは，電卓には常にひとつの数しか記憶することができないということです．電卓にはひとつの数しか記憶することができないので，その数として「これまでの身長の合計値」を選択し，そこに次の児童の身長を加えていくことで全体の合計値を出しているのです．これは電卓を使うのだから当たり前のようですが，他の方法で合計値を求めることを考えると必ずし

も当たり前とは限りません．例えば，表計算ソフトを使えば全員の
身長のデータを記憶しておくことができます．さらに表計算ソフト
には合計や平均を求める機能がありますので，それらを使うだけで
合計や平均を求めることができます．身長の合計を求めるのに電卓
を使うと決めたということは，その時点で記憶するデータはひとつ
だけで構わないと決めたことになります．

　電卓を使う際のもうひとつの暗黙の仮定は，電卓に入れるデータ
は数であるということです．電卓を使っているのだから数を扱うの
は当たり前ですが，電子機器がすべて数を扱っているわけではあり
ません．例えば，電子辞書は数だけではなく文章（文字列）も扱い
ますし，コンピュータならそれ以外にも画像や音楽など多種多様な
データを扱います．身長の合計を求めるのに電卓を使うことに決め
たということは，その時点で扱うデータは数であると決めたことに
なります．

　このように，電卓を使うときにはひとつの数のみを扱うことにな
ります．逆にいうと，その数を何にするのかさえ考えれば電卓を使
うことができます．一方，コンピュータはたくさんのデータ，いろ
いろな種類のデータを一度に扱うことができます．これは，コン
ピュータを使う前にあらかじめ

- いくつのデータを扱いたいのか．
- それらはそれぞれどのような種類のデータなのか．

を整理しておく必要があるということを示しています．

4.2 コンピュータで扱われる多様なデータ

電卓で扱えるのは数のみでしたが，コンピュータはそれ以外にも文字列や座標，画像や音楽など多種多様なデータを扱えます．そして，これらのデータに対して様々な操作が用意されています．電卓では，入力された数に対していろいろなボタンを押すことで四則演算を行うことができます．同様に，コンピュータでも各種のデータに対していろいろな操作が用意されています．例えば，数に対しては電卓と同様に四則演算が用意されているでしょうし，画像に対しては画面の指定した位置に表示したり複数の画像を重ね合わせたりすることができるでしょう．

では，具体的にそれらの操作はどのように行うのでしょうか．実は，それは使うコンピュータの環境によって大きく異なります．電卓のようにボタンが用意されていることもあれば，表計算ソフトのように数式を入力する場合もあります．また，プログラムのように決まった書き方で指示を出すこともあります．さらに，そのプログラムの書き方自体も使用する環境によって大きく異なります．

このように操作方法が多種多様に異なっていたら，途方に暮れてしまいそうです．たとえ表計算ソフトを使っていろいろな操作をできるようになったとしても，それを他の場面でそのまま使うことはできないでしょう．たとえプログラミングを勉強しても環境が変わるたびに新しいものを勉強しなくてはならないのでは，いつまでたってもコンピュータを操れるようにはなりそうにありません．いったい，世の中の「コンピュータを自在に操っている人」は何をしているのでしょうか．

4.3 データの操作方法を調べる

　電卓の場合を思い出してみましょう．世の中にはいろいろな種類の電卓があります．中には関数電卓のように機能の多い電卓もあります．しかし，私たちはどのような電卓だったとしても，少し説明書を見ればすぐにその電卓で少なくとも四則演算は使えるようになるでしょう．それは，電卓では四則演算をできるはずだということを知っていること，そしてそれを「今，目の前にあるこの電卓では」どのようにすればよいのかを説明書から読み取ることができるからです．つまり，電卓を使う上で重要なのは，世の中すべての電卓の使い方を覚えることではなく，

- 電卓では何ができるのかを知っていること，そして

- その方法をどうやったら見つけられるかを知っていること

です．

　これと同じことをコンピュータに当てはめてみましょう．重要なのは，コンピュータで何ができるのかを知っていること，そしてそれを「この環境では」どうすればよいのかを説明書から探し当てられることです．この 2 点ができれば，どのようなコンピュータでも自在に操ることができるようになります．

　上記の 2 点のうち，後者は単純作業であることがわかります．単に説明書を読めばよいだけです．コンピュータは複雑なので，電卓のときのように簡単には目的の説明を探し出せないかもしれません．また，コンピュータでは操作の順番や決まりごとも電卓よりはずっと複雑になります．それを説明書から見つけて理解するのには時間がかかるかもしれません．でも，それは一度，理解したらおし

まいで，あとはその操作方法にしたがうだけです．

　調べ出した操作方法を覚えておけば，この次から同じ操作をしたいときに調べ直すことなくすぐにできるようになります．しかし，操作方法をすべて覚えることに意味はありません．コンピュータは複雑なのですべての操作を覚えるのはそもそも無理です．また，環境によって操作方法も大きく異なります．操作を覚えることには少しばかり調べる時間を省ける以上の意味はありません．

　最初のうちは，特にコンピュータに慣れていない人は操作方法がわからなくて戸惑うかもしれません．でも，操作方法はその都度，調べればよいのです．そのことを一度，覚えると心理的な負担が減って，コンピュータを使うのが楽になっていきます．

　操作方法はその都度，調べればよいと思えるようになったら，本当に重要なのは「そもそもコンピュータでは何ができるのか」を知ることになってきます．先に重要な 2 点としてあげたうちの前者です．たとえ操作方法の調べ方を知っていたとしても，そもそも何を調べたいのかがわからなければ調べようがないからです．多くの電卓にはメモリ機能がついており，説明書にはその使い方も出ています．しかし，そもそもメモリ機能の存在を知らなかったら，その操作方法を調べられるはずもなく結局，メモリ機能を使うことはできないでしょう．

　この本ではこの先，この 2 点を明確に区別していきます．まず，多くのコンピュータにはどのような機能があって，それを今解こうとしている問題ではどのように使えるかを説明します．これは，問題を解こうとしたときに使える一般的な考え方で，すべての人に知っていて欲しい考え方です．次に，それをこの本で扱う特定の環

境で行うにはどうするのかを述べます．前者は広くいろいろなところで応用のできる考え方であり，後者は特定のコンピュータを使う際には何をしなくてはいけないのかの参考になるものです．

4.4 配送シミュレーションのためのデータ

電卓では，扱えるデータは数のみで，記憶しておけるのはひとつの数だけでした．これに比べるとコンピュータは多種多様なデータを数多く記憶することができます．ここでは，牛乳とヨーグルトの配送シミュレーションゲームを作るためにどのようなデータが必要かを特定していきましょう．これは，どのような環境でシミュレーションゲームを作るにしても必要な一般的なことがらです．前章で，配送サービスを行うには申込書と地図データが必要であることを見てきました．これらのデータをコンピュータに入れるためには何を考えなければいけないのかを見ていきます．

まず，各配送先が希望する牛乳とヨーグルトの量が必要です．これは，牛乳の本数とヨーグルトの数というふたつの数を用意すればよいでしょう．これが各配送先について必要です．次に，配送先の住所の情報が必要です．住所は文字列の形で表現できますが，モデル化を行うと地図上の位置として表せることを見てきました．それをシミュレーションゲームとして画面上に表示するために，住所は画面上の座標で表すことにします．座標はふたつの数字から成り立っていますが，もちろん，それをコンピュータ上で表現することは可能です．

配送先の住所と配送する牛乳とヨーグルトの量が揃ったら配送を

開始することができるでしょうか．実際の配送であればできそうです．しかし，シミュレーションゲームを作る場合には，これ以外にもうひとつデータが必要です．それは自分の位置です．シミュレーションゲームでは，自分を表すキャラクタを画面上で操作しながら牛乳とヨーグルトを届けることになります．ということは，自分の位置をゲーム中で管理する必要があります．ここでは自分の位置も座標で表現することにします．

4.5 世界：変化するデータ

　配送シミュレーションを行うために必要なデータは以下のように特定されました．

- 各配送先の座標
- 各配送先で必要な牛乳とヨーグルトの量
- 自分の座標

これらのデータは，配送シミュレーションゲームが進むにしたがって時々刻々と変化していきます[♠1]．このように，変化するデータ，その時点でのゲームの状態を一意に特定するために必要なデータのことをこの本では**世界**と表現します．現在のゲームの世界がどのようになっているかを示すデータというわけです．

　よく考えると，配送シミュレーションゲームを作るためには上記の3つのデータ以外にも必要なデータがあることに気がつきます．例えば，画面の大きさや道路の位置などです．しかし，これらの

[♠1]配送先の座標は変化しませんが，配送先が増えると新たな配送先の座標が必要になります．

データは世界の情報には含めません．これらはゲームが進んでも変化することがないからです．世界に含めるのは変化するデータ，現在，ゲームがどのような状態になっているのかを示すデータです．

ここではゲームを使って説明をしましたが，世界を表すデータはゲームを作るときにだけ出てくる概念というわけではありません．例えば，児童の身長の合計を求めるときには，これまでの身長の合計を電卓に記憶していました．これが身長の合計を求めるときの世界のデータになります．この値さえわかれば，その時点での身長の合計がわかり，計算を続けていくことができます．

4.6 この本で使用する環境

　配送シミュレーションを行うために必要なデータ（世界の情報）が特定できたので，いよいよそれをコンピュータの中に入れていきたいところです．それには，どのようなプログラミング環境を使うのかを決めなくてはなりません．この本で使用するプログラミング環境は OCaml Blockly と呼ばれるブロックを使ったプログラミング環境です．特別なソフトウェア等をインストールすることなく誰でも使うことができますので，是非，実際にプログラミングを体験してみてください．詳しくは 1.6 節を参照してください．

4.7 世界の定義

　ここからは OCaml Blockly を使って世界の定義を行い，次節以降で具体的なデータを作っていきます．世界の情報は

- 各配送先の座標
- 各配送先で必要な牛乳とヨーグルトの量
- 自分の座標

の 3 つからなっていました．このうち，配送先は複数あり，それぞれについて座標と配送する牛乳とヨーグルトの量が必要になります．これは，少し複雑ですので，まずはまだ配送先がない状態，つまりこれから配送業を始めようとしていて，街の様子を見て回っている状態としましょう．すると，必要なデータは自分の座標のみになります．

　シミュレーションゲームで使うデータが座標であることをコンピュータに知らせるため，この本で使う環境では次のようなブロックを組み立てます．

このブロックを組み立てるには以下のようにします♠2.

　♠2この本で使用するプログラミング環境には，この本に出てくるプログラムがあらかじめすべて登録してあります．自分でブロックを組む代わりに，登録してあるプログラムを読み込むこともできます．右側の実行エリアにあるメニューから節番号を選択して「ブロック読み込み」ボタンを押してください．

(1)　左側のメニューから「座標と世界の定義」をクリックする.

(2)　現れたメニューのふたつ目の **type** と書かれたブロックを
ドラッグしてワークエリアに置く.

(3)　このブロックは前頁に示したブロックと似ているが,
jitensha_zahyo の部分が **zahyo1** になっているので名
前を変更する. **zahyo1** と書かれた部分をクリックするとメ
ニューが現れるので, 名前の変更を選び **jitensha_zahyo**
と入力して OK を押す.

このブロック（プログラム）は, 以下の 3 つのことをします.

world_t という型の宣言　　この本で使う環境では, 世界（ゲーム
の状態）を **world_t** という名前の型で表現します. 型というの
は, データの種類（数字であるとか, 座標であるとか, 文字
列であるとか）を示すものです. 上の **type** ブロックは, 全体
として **world_t** という名前[3] の型を宣言しています. 「宣言
する」というのは新たに使えるように定義することです.

jitensha_zahyo というフィールドの宣言　　**world_t** という型
は, いろいろなデータの集まり（**レコード**という）でできていま
す. 上のブロックは, その中に **jitensha_zahyo** という名前の
データ（のみ）が存在していることを宣言しています. レコード
の中に出てくるデータの名前は, **フィールド**と呼ばれます.

jitensha_zahyo の型の指定　　右側のコネクタにつながっている
ブロックは, **jitensha_zahyo** というデータが座標であると
宣言しています. ここで int • int というのは整数（int

---

[3]この本では, ユーザが定義する型の名前の最後に **_t** をつけることにしています.

integer の最初の 3 文字) のふたつ組のことで, これで座標を
示しています.

難しい, と感じたでしょうか. 「ゲーム中で (自分の位置を示す)
座標を使いたい」という私たちの意図をプログラムにするには, 知
らなければいけない規則がたくさんあります. この本で使う環境で
も, どのブロックを使うか, それをどのようにつなげるかなど多く
の知識が必要です♠4. しかし, ここで重要なことは, それらの規則
を知っていることではなく, 「使いたいデータを宣言する方法があ
る」「それがどういうデータかを指定する方法がある」ことを知っ
ていることです. このふたつを知っていれば, 頭の中でプログラム
を想像することができ, それを使って先に進むことができます.

読者の皆さんは, もし興味があったら是非, 実際にブロックを自
分で組み立ててプログラミングを体験してみてください. この本で
基本的な考え方をひとつひとつ学び, 読み進めていくだけでもコン
ピュータのプログラムがどのように作られているのかを理解できま
すが, 実際にブロックを組み立てて実行すると実感としてより深く
理解できるようになります.

以上で配送シミュレーションを行うために必要なデータ, ゲーム
の状態を示す世界の情報を宣言できました. 何やら難しげでしたが, これで全体として

- 世界 (ゲームの状態) が何でできているか. (答：jitensha_

♠4ブロックを使うと, 構文的に意味をなさないプログラムを作ることができない
(例えば宣言する型の名前を書き忘れることはできない) ため, ブロックを使わない
プログラミングに比べて間違いは起こしにくくなります. それがこの本でブロックを
使っている理由です. ですが, ブロックを使わないプログラミング環境でも, こ
の本で述べていることはそのまま当てはまります.

zahyo というデータでできている.）

- そのデータはどういう種類のデータか.（答：座標.）

を指定しています. これが 4.1 節の最後に書いた

- いくつのデータを扱いたいのか.

- それらはそれぞれどのような種類のデータなのか.

に対応しています. 今後，ゲームを作るのに必要な情報が増えたら，
それも世界 world_t の定義に加えていくことになります.

4.8 世界の初期状態の定義

世界の定義ができたので，その定義に沿った世界をひとつ作って
みましょう. これは，問題 1 では最初の児童の身長を電卓に入れる
ところに相当します. 世界をひとつ作るには，新たなブロックを先
ほどの世界の型を定義するブロックの下につなげます.

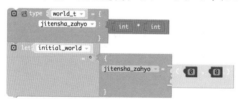

この新しいブロックを作るには，まず以下のようにします.

(1) 左側のメニューから「ゲーム用の定義」をクリックする.

(2) 最初の initial_world と書かれた let ブロックをド
    ラッグしてワークエリアに置く.

(3) それをすでに置かれている type ブロックの下につなげる.

新たに置いた let ブロックは**変数**や，のちに述べる関数を宣言

するブロックです．ここでは initial_world という名前の変数を
宣言しています．変数というのは，いろいろな値につける名前のこ
とです．上の例では，$(0, 0)$ という座標を持つ世界

に initial_world という名前をつけています．このようにする
と，上のブロックの代わりに initial_world という名前を使うこ
とができるようになります．変数の名前を直感的でわかりやすい
ものにするのは大切です．ここでは世界の初期値（ゲーム開始時の
値）を定義しているので initial_world としました．

　次に，initial_world の右側のブロックを作りましょう．以下
のようにします．

(4)　type ブロックの world_t の部分をドラッグすると下の
　　図のように世界を表す空のレコードが作られるので，それを
　　initial_world を定義する let ブロックのコネクタにつな
　　げる．（巻頭の図 4 にはカラーで示しています．）

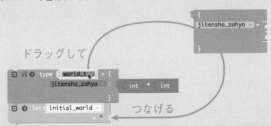

(5)　左側のメニュー「座標と世界の定義」から座標ブロック
　　　　　　　　をドラッグして，世界を表すレコードのコネクタ

につなげる.

(6) 残ったふたつの穴には，どちらも「四則演算」メニューか
ら数字の $\boxed{0}$ を入れる.

　これで $(0,0)$ という座標を持つ jitensha_zahyo フィールドの
みからなる世界の初期値を定義できました.
　前節では，世界 world_t が座標ひとつでできていることを宣言
しました. ここでは，そのような形のデータをひとつ具体的に作成
しています. world_t などの型を宣言すると，その名前部分をド
ラッグすることでその型の具体的なデータを作ることができます.
これまでと同じように，ここでもこの具体的な操作を覚える必要は
ありません. ここで知っておくべき重要なことは「宣言したデータ
を具体的に作ることができる」こと，そして「データには名前をつ
けることができる」ことです.

4.9　ゲームの開始

　世界の初期値が定義できたので，いよいよゲームを開始してみ
ましょう. どのような環境でも，何らかの「プログラムを開始する
方法」がありますが，この本で使う環境では「ゲームの世界」を
big_bang という命令を使って創造します. 次のようなブロックを
上で作った initial_world を定義するブロックの下につなげてく
ださい.

`big_bang` `initial_world`

このようにすると big_bang ブロックは先に定義した世界の初期値
initial_world を使ってゲームを開始します.

このブロックは以下のように作ります.

(1) 左側のメニュー「ゲーム用の定義」の一番下の `big_bang`
ブロック `big_bang` をドラッグして,`initial_world`
を定義する `let` ブロックの下につなげる.
(2) `let` ブロックの `initial_world` の部分をドラッグし
て `initial_world` の変数ブロック `initial_world` を
`big_bang` ブロック `big_bang` につなげる.

このように,宣言した変数はドラッグすることで他の場所で使う
ことができます.この操作は,宣言したレコードの名前をドラッグ
すると対応するレコードが作られる(巻頭の図 4)のと同じ形です.

では,実際にこのプログラムを実行してみましょう.画面,右上
にある「実行」ボタンを押してください.すると,実行エリアに中
身が真っ白の四角が現れます.(右側が画面からはみ出ているかも
しれません.その場合は << ボタンを押すと実行エリアが広くなり
ます.)これが,これから牛乳とヨーグルトの配送シミュレーショ
ンゲームを作っていく画面です.まだ,表示するものなど何も指示
をしていないので真っ白の風景が出るだけですが,この先,ここに
風景を表示し,キャラクタを動かすことで,配送シミュレーション
を行っていきます.

4.10 ゲーム画面の大きさの変更

　前節で現れたゲーム画面は少し小さいので，ここでゲーム画面の大きさを変更しておきましょう． **big_bang** は特殊なブロックで，必要に応じてゲームに関するいろいろな設定を登録することができます．ここではゲーム画面の横幅と縦幅を登録してみましょう．ふたつの変数 **width** と **height** を定義した上で，**big_bang** を以下のように変更します．**width** と **height** を宣言するブロックは「ゲーム用の定義」メニューの中にあります．

この時点でのブロックの全体像が巻頭の図 2 に示されています．これがこの章で作るブロックの完成形です．

　ここで定義したふたつの変数 **width** と **height** はゲーム画面の横幅と縦幅をピクセル単位で示したものです．ピクセルというのは，コンピュータ上で表示できる最小の点ひとつの大きさです．この本で扱う配送シミュレーションゲームの背景は 1055 × 744 ピクセルなので，ゲーム画面もその大きさにしてあります．

　big_bang に横幅，縦幅の指示を追加するには以下のようにします．

(1)　**big_bang** の歯車ボタン ⚙ をクリックする．

(2)　すると吹き出しが現れるので，その中から **~width** と **~height**

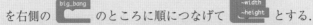

を右側の ⎰⎱ のところに順につなげて とする.

(3) big_bang ブロックの歯車ボタン ⚙ をクリックして吹き
出しを閉じる.

以上を行うと ⚙ big_bang ⊕ の形が変わって 〔big_bang ~width: ~height:〕 にな
ります. この新たにできた下ふたつのコネクタに変数ブロック
〔width〕 と 〔height〕 をつなげます. この本で使う環境ではこのよ
うな方法で画面の大きさを変更しましたが,他の環境ではまた別の方
法で画面の大きさを指定します.ここでも,重要なことは「画面の大き
さを指定する方法がある」ということを知っていることになります.

以上を行った上で,もう一度「実行」ボタンを押してみましょ
う. 今度は前よりも大きな空白の画面が出てきます. 〔width〕 と
〔height〕 の値を好きな数字に書き換えると,それに応じた大きさ
の空白の画面が出てきます.

4.11 本章のまとめ

この章では,牛乳とヨーグルトの配送シミュレーションゲームを
作るのに必要なデータを洗い出し,その一部をこの本で使用する
プログラミング環境ではどのように表現するのかを見てきました.
まず,使用するデータを宣言し,その定義に沿ったデータを実際に
作成しました. そのデータに名前を与えることもできます. その上
で,いろいろな大きさのゲーム画面でゲームを開始しました.

次章では,ゲーム画面に画像を表示するには何を考えなくてはい
けないのかを見ていきます.

― コラム ―

将来，プログラミングはもっと簡単になりますか

　プログラミング言語や，プログラムの作成，実行を行う環境は日々，進化しています．少し前まではプログラミングといえばテキストベースで行うのが普通でしたが，最近ではブロックを組むことで気軽にプログラムを作れるようになってきました．また，間違った指示をしてエラーになってしまったときに，どうしてそのエラーが起きたのかを指摘してくれたり，間違いの訂正の方法を提案してくれたりするシステムなども研究されています．そういった技術を使うと，プログラミングをするときの苦労は減っていくと思います．

　一方で，プログラムの本質は曖昧性のない形で私たちの意図をコンピュータに伝えることです．その伝えるべき意図が今後，簡単になっていくとは思えません．コンピュータは指示通りに動くだけであって，こちらの意図を汲み取ってはくれないのです．ですから「問題をどうやって解いたらいいのか」は，どこまでいっても私たちが考えなくてはならず，そこは簡単にはならないと思います．

　でも，最近では人工知能がどんどん発展してきています．人工知能を使ったら私たちは難しいプログラミングをしなくても済むのではないでしょうか．これについては，次のコラムを見てください．

5 データをゲーム画面に反映する

前の章では，牛乳とヨーグルトの配送シミュレーションゲームを作るために，まずは自分の座標が必要であることを見てきました．そして，それを world_t という型で表現し，世界の初期値として $(0, 0)$ という自転車の座標のみからなる世界を作りました．しかし，前章ではデータを定義しただけで，プログラムを実行しても画面はまだ真っ白のままでした．この章では，いよいよそこに風景を表示させていきます．

5.1 ゲーム画面の成り立ち

ゲームの画面にはいろいろなものが現れます．配送シミュレーションゲームなら，背景として道路や家，公園や病院などが描かれ，さらにその上をプレーヤーが操作するキャラクタが動き回るでしょう．また，必要な牛乳やヨーグルトの量が数字や画像で示されるでしょうし，スコアなども出るかもしれません．

この本では，これらを画像として画面に表示します．一方，画像が表示される場所のことを風景と呼んで区別します．（図 5.1 参照．）最初に何も描かれていない空白の風景を用意して，その上に必要な画像を順番に乗せていくことで，ゲーム画面に表示する風景を作っていきます．

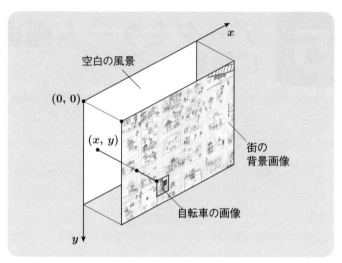

図 5.1　空白の風景の上に画像を配置する

　画像と風景を区別するのはこの本で使う環境特有のことで，これらを区別しない環境の方が普通かもしれません．ここで重要なことは，それらを区別すべきかどうかではなく，「何らかの方法で画像や風景を表現する方法がある」ということを知っていることです．

5.2 画　　像

　風景を作って行く前に，まずはその上に乗せる画像について見ていきましょう．画像を作る最も簡単な方法は，すでにある画像を使う方法です．この本で扱う配送シミュレーションゲームでは，キャラクタの画像として 🚲 を使います．これは，いらすとや[1] から

---

[1]https://www.irasutoya.com/

入手した画像を縮小したものです♠2. このような画像をこの本の環境で使用するには，以下のようなブロックを作ります♠3.

jitensha_image を定義するブロックは「ゲーム用の定義」メニューにはないので，「一般の変数と関数」の一番上のブロックを使い，変数名を jitensha_image に変更します.

jitensha_image の定義に現れる `read_image` は，使いたい画像データが置いてある場所を文字列で指定すると，それをこの本の環境で使用できる画像に変換して返す**関数**です．関数というのは数学に出てくる関数のことです．$f(x) = x+1$ はパラメタとして整数 x を受け取ったら 1 を加えた数を返しますが，同じように `read_image` はパラメタとして文字列を受け取ったら対応する画像を返します．数学における関数は，数を受け取って数を返しますが，プログラムに出てくる関数は文字列や画像など多種多様なデータを受け渡します．これを知っているのは重要です．関数のパラメタは**引数**とも呼ばれます.

`read_image` のブロックに渡す文字列は，画像が置いてある URL です♠4. 上のブロックでは，さらに画像に jitensha_image という名前をつけています．この先，自転車の画像を使いたい場合はこ

♠2画像には著作権があります．画像を使う前に，使ってもよいのかを確認しましょう．基本的に「自由に使ってよい」と明記していない限り，他人の画像を使うことはできません.

♠3ブロック内の http://.../jitensha.png の部分は後に述べる URL に置き換えてください.

♠4縮小した自転車の画像は以下の URL に置いてあります.
http://pllab.is.ocha.ac.jp/~asai/book2/images/jitensha.png

の名前を使います．画像のようなデータにも数と同じように名前を
つけることができます．

　自転車の画像は，たまたま目的に合う良い画像が見つかったので，
それをそのまま使用しました．しかし，場合によってはそのような
画像が見つからない場合もあるでしょう．そんなときには，自分で
画像を画用紙に描き，それをスキャナで読み込むという方法もあり
ます．そのようにして作ったのが巻頭に示した配送シミュレーショ
ンゲームの背景画像です．この背景画像は筆者が娘に頼んで描いて
もらった街の絵です．この画像は以下のようなブロックを作ると使
えるようになります♠5．

背景にはいろいろなものが描かれますが，それらを別々に作るのは
大変です．そこで，すべてがあらかじめ描かれている絵を描いても
らいました．この背景画像には `background_image` という名前を
つけておきます．

5.3 　風　　景

　前節で個々の画像を作る方法を紹介しましたが，ゲーム画面に表
示するのはこれらを組み合わせた風景です．この本で使用する環
境では，空白の風景を作るのに `empty_scene` というブロックを使
います．このブロックは，パラメタとして風景の横幅と縦幅を受け
取ったら空白の風景を返すような関数です．配送シミュレーション

♠5背景画像は以下の URL に置いてあります．
http://pllab.is.ocha.ac.jp/~asai/book2/images/background.png

ゲームの横幅 `width` と縦幅 `height` は 4.10 節で定義をしました．これを使って空白の風景を次のように作ります．

`empty_scene` ■■ という関数に `width` と `height` という変数を渡すには，`empty_scene` ■■ の穴のところに `width` と `height` のブロックをドラッグして入れます．できあがった空白の風景には `empty_background` という名前をつけておきました．

空白の風景に画像をのせるには `place_image` というブロックを使います．

インライン入力	外部入力
`place_image`	`place_image`

`place_image` ブロックに限らず，一般に関数のブロックはパラメタを穴に受け取ってくるインライン入力の形と右側のコネクタから受け取ってくる外部入力の形があります．このふたつの形式は，見た目が異なるだけで働きは全く同じです．パラメタを穴で受け取ってくるかコネクタで受け取ってくるかは，ブロックを右クリックして「インライン入力」または「外部入力」を選ぶことで切り替えられます♠6．

先に出てきた `empty_scene` ■■ のブロックはインライン入力の形でしたが，`place_image` のブロックは外部入力を使うことにします．

♠6ブロックの読み込みをした場合は，基本的にはすべてインライン入力の形になっていますので，適宜，外部入力に切り替えてください．

これは，このブロックのパラメタが 3 つと多く，さらに各々のパラメタが長くなりがちなため，ブロック全体が横に長くなりすぎるためです．パラメタが多いときは，外部入力にするとパラメタが縦に並び少し見やすくなります．

`place_image` ブロックは次の 3 つのものを受け取ります．

- 風景の上に乗せるべき画像
- その画像を乗せる位置（座標）
- ベースとなる風景

すると，このブロックはベースとなる風景の上に指定された画像を指定された位置に置いた風景を返します．

`place_image` ブロックを使って空白の風景の上に街の背景画像を乗せるには次のようにします．

ここで background_image は 5.2 節で定義した 1055×744 ピクセルの背景となる画像です．また empty_background は先ほど定義した空白の背景（こちらも 1055×744 ピクセル）です．これらを受け取ると `place_image` は，空白の背景の $(0, 0)$ の位置に背景画像を置いた風景を返します．

ここで座標は「画像の左上」がどこに置かれるかを示します．この本で使用する環境では，座標系は x 軸が右向き，y 軸が（数学とは違って）下向きです．すると $(0, 0)$ は空白の風景の一番，左上を指しますので，全体として空白の風景の一番左上が重なるように背

景画像を置く，つまり空白の背景全体をちょうど覆うように背景画像が置かれることになります．図 5.1 を参照してください．

5.4 描画関数の作成

画面に表示する風景が定義できたので，いよいよそれをゲーム画面に表示してみましょう．風景をゲーム画面に表示するには，以下のふたつを行います．

- 世界のデータを受け取ったら表示すべき風景を返す関数 draw を定義する．
- それを big_bang ブロック 🔧 big_bang 🌐 に登録する．

このうち，ふたつ目の big_bang ブロックへの登録は次節で扱います．この節では，表示すべき風景を返す関数 draw を作ります．以下のようなブロックを組み立てます．

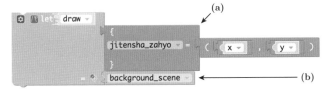

ここに出てくる let ブロックは，変数を定義する let ブロックとは異なり複数のコネクタを持っています．これで，let ブロックの = の手前まで（上の図の場合は (a) ひとつのみ）をパラメタとして受け取ると，最後のコネクタ部分 (b) を返すような関数を定義します．

具体的に上の関数定義は，パラメタとして世界の情報，つまり自転車の座標を (x, y) に受け取ってきたら background_scene という

風景を返すということを意味しています．全体として，世界の情報が何であろうとも `background_scene` が表示すべき風景であると指示していることになります．

　このブロックを組み立てるには，まず「ゲーム用の定義」から draw 関数のブロックをワークエリアにドラッグし，それを `background_scene` を定義するブロックの下（ `big_bang` の上）に割り込ませる形でつなぎます．draw 関数のブロックを `background_scene` を定義するブロックと `big_bang` の間に割り込ませるのは「各ブロックの中で使うもの（変数や関数，型定義）は，それよりも上に定義されていなければならない」からです．draw 関数のブロックの中では `background_scene` を使うので，draw 関数のブロックは `background_scene` を定義するブロックよりも下になくてはなりません．また `big_bang` には（次節で）draw 関数を登録しますので，draw 関数は `big_bang` よりも上になくてはなりません．

　draw 関数のふたつのコネクタは順に次のように組み立てます．まず，関数のパラメタを表す最初のコネクタは以下のように作ります．

(1)　パターンボタン 🅿 をクリックし，現れた吹き出しの中から世界のデータを表すレコード `{ jitensha_zahyo = jitensha_zahyo_v }` をドラッグし，それを draw 関数のパラメタ部分（最初のコネクタ）につなぐ．

(2)　今つないだブロックの `jitensha_zahyo_v` の部分を削除する．（ブロックをゴミ箱までドラッグする．またはブロッ

クを選択して delete キーを押す.)

(3) 代わりに,パターンボタン 🅟 で現れた吹き出しの中にある座標のパターン ([x▾] , [y▾]) をつなぐ.

(4) (今つないだ座標の変数名が x, y でなかったら) x, y に名前を変更する.

(5) パターンボタン 🅟 をクリックして吹き出しを閉じる.

ここで,draw 関数のブロックの上方に world_t を定義するブロックがつながっていないと,(1) でパターンボタン 🅟 を押してもレコードのパターンを表すブロックは出てきません.draw 関数は,中で world_t 型のレコードを使用しているので,world_t を定義するブロックの下に置く必要があります.

draw 関数のもうひとつのコネクタは,この関数が返すものを示します.ここには background_scene の変数ブロックをつなげます.以上で draw 関数のブロックができあがりました.

5.5 背景画像の表示

前の節で draw 関数の定義はできました.しかし,このままでは相変わらずゲーム画面に背景画像は出てきません.ゲーム画面に指定した背景画像を出すためには「どの関数を使ってゲーム画面を描画するのか」を指定する必要があります.この指定は 🔘 big_bang 🔘 ブロックに描画に使うべき関数を登録することで行います.最終的に 🔘 big_bang 🔘 ブロックは以下のようにします.

一番下の ~to_draw と書いてあるコネクタが描画に使うべき関数を
指定する場所です．ここに先に定義した draw 関数を登録すると，
この draw 関数を使ってゲーム画面を描画するようになります．

　上のようなブロックを作るには，まず big_bang  の ⚙ をク
リックして ~to_draw を右側の big_bang のところにつなげます．する
と draw 関数を登録する場所が現れるので，そこに draw 関数のブ
ロックをつなげます．その際，普通に draw 関数をドラッグするの
ではなく，option キー（または alt キー）を押しながらドラッグし
ます．すると，穴のない draw 関数のブロックが作られます．普段，
関数を使うときにはパラメタを渡すので穴つきのブロックが作られ
ますが，ここではパラメタを渡さずに関数自体を ⚙ big_bang ⚙
に登録します．option キー（または alt キー）を押しながらドラッ
グすると，このような穴のない関数ブロックを作ることができます．

　これで，draw 関数の登録ができました．右上の「実行」ボタン
を押してみましょう．すると，真っ白な背景ではなく，街の絵が背
景として表示されます．

　ここまでを振り返ってみましょう．風景を表示するのにいろいろ
と苦労をしましたが，整理してみると結局のところ「画像や風景を
操作するためにいろいろな関数が用意されている」ことと，draw
関数のような「関数を使ってゲーム画面を描画する方法が用意され
ている」ことの 2 点が重要であることに気がつきます．ここを押さ

えられると，あとは各々どのようにすればよいのかを調べることで
画面にいろいろな風景を表示できるようになります．

5.6 動く画像と動かない画像

　ゲーム画面に表示される画像は 2 種類に分けることができます．
ひとつは背景画像です．道路や家などの背景は一度，画面に表示さ
れたら，それ以降は変化することがありません．これらの画像は動
かないのです．一方，プレーヤーが操作するキャラクタの画像は背
景とは異なります．こちらは時間経過やユーザからの操作（キー入
力やマウス入力など）にしたがって移動していきます．

　前節で，配送シミュレーションゲームの背景を表示することがで
きました．この上に自転車を表示するのは，それほど難しいことで
はありません．単に，登録した draw 関数の定義を変更し，背景画
像だけでなく自転車も風景に加えてあげればよいだけです．しか
し，前節で配置した背景のように，表示する位置を $(0,0)$ などに固
定してしまっては画像を動かすことはできなくなります．

5.7 キャラクタ画像の表示

　画像を動かすためには，座標を固定するのではなく何らかの方法
で変化させてあげる必要があります．ここではそれを次の 2 段階で
実現します．

- 画像の位置は，世界の情報にしたがって決める．
- 画像を動かしたいときには，世界の情報を変化させる．

まず，draw 関数で描画する風景を世界の情報にしたがったものに

します．配送シミュレーションゲームの場合は，自転車を表示する
位置を世界の情報で指定された位置にします．すると，あとは世界
の情報を変化させることができればゲーム画面（自転車の描かれる
位置）も変化することになります．

　具体的に，自転車を描画するように draw 関数を変更してみま
しょう．以下のようにします．

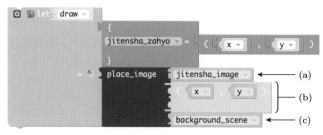

これまで draw 関数は背景画像が置かれた `background_scene` のみ
を表示していましたが (c)，ここではさらに place_image ブロック
を使って jitensha_image も表示するようにしています (a)．図
5.1 も参照してください．ここでのポイントは，自転車の画像を置
く座標です．`background_scene` を定義する際，背景画像は $(0,0)$
に決め打ちして表示していましたが，ここでは (x, y)，つまり世界
の情報に入っている自転車の座標に表示をしています (b)．

　このように draw 関数を変更した上で「実行」ボタンを押してみ
ましょう．すると，背景画像の前に自転車の画像が左上に表示され
ます．背景画像と同じく左上に表示されてしまいましたが，これ
はたまたま世界の初期値において jitensha_zahyo の値が $(0,0)$
だったからです．draw 関数は「世界の情報の jitensha_zahyo に
指定される座標」に自転車の画像を表示するように書かれているの

で，世界の情報を変更すれば自転車の表示位置も変わります．配送シミュレーションゲームでは，自転車は自宅からスタートすることにしています．自宅は背景画像の中央の下側にありますので，世界の初期値を次のように変更しておきましょう．

これで「実行」ボタンを押すと，背景は今までと同じですが，自転車は中央下側の自宅前に表示されます．

　以上で，世界の情報にしたがった風景を作ることができました．あとは，時間経過やユーザからの操作にしたがって世界の情報を変化させることができれば，それにしたがって画像が動くことになります．

5.8　本章のまとめ

　この章では，画像や風景を操作する関数を紹介するとともに，draw 関数を使って実際に画面に風景を表示させました．風景を作る際には，動く画像と動かない画像を区別しました．動かない画像は決め打ちした座標に描画しますが，動く画像は世界の情報にしたがった座標に描画することで，世界の情報を変化させれば画像を動かせるようになります．

　複雑なゲーム画面を描画するのは一般には簡単なことではありません．しかし「動く画像の座標」さえあれば，あとは簡単に描画できることがわかりました．キャラクタを指定した位置に描くことの

本質は，キャラクタの座標ひとつで与えられるということです．実際，キャラクタの座標さえ得られれば，キャラクタの複雑な動きをその座標の動きという形でモデル化できます．風景を作るのに必要なデータ（世界の情報）とそれをどう描画するか（draw 関数）を分離することで，複雑なゲーム画面の変化を単純なデータの変化でモデル化したのです．

　次章では，いよいよ自転車の画像が動き出します．

6 時間経過によって データを変化させる

　前の章では，ゲーム画面に風景を表示する方法を見てきました．背景画像のように動かない画像はあらかじめ定められた位置に配置します．一方，キャラクタの画像のように動く画像は，その座標を世界の情報に含め，それにしたがった位置に配置します．このようにすることで，あとは世界の情報を変化させればキャラクタを動かせるようになります．

　この章では，ゲームの状態を表すデータ（世界の情報）を変化させることで，キャラクタを実際に動かします．

6.1 イ ベ ン ト

　キャラクタを動かしたい場面はいくつか考えられます．キャラクタが時間経過によって自動的に動いていくかもしれませんし，キー操作やマウス操作によってキャラクタを制御したいかもしれません．ここに出てきた時間経過やキー操作，マウス操作といった外からもたらされる事象，データ（世界の情報）を変化させるきっかけになるもののことを**イベント**と呼びます．イベントを適切に処理することで，イベントに応じた動きをするプログラムを作ることができます．

　イベントの処理は，各イベントが発生したときにどのように世界

の情報が変化するかを記述することで行います．各イベントに対処するプログラムのことを，イベントを処理するものという意味で**イベントハンドラ**と呼ぶこともあります．この章では，時間経過イベントが発生したときの処理を記述することで一定時間ごとにキャラクタを動かすことを考えます．

　時間経過イベントというのは，あらかじめ決められた時間ごとに発生するイベントのことです．この本で使用する環境では，特に指定をしなければ 1 秒ごとに時間経過イベントが発生します．これは時計の秒針がチクタクと動くたびに発生するイベントなので，**tick イベント**とも呼ばれます．tick というのは「チクタク」の英語 tick tock からきています．

6.2 | tick イベント処理関数

　時間経過にしたがって世界の情報がどのように変化するかを記述するのが tick イベント処理関数です．この関数の名前は「tick イベントが起きたときに」実行される関数という意味で `on_tick` にしましょう．これは，「現在の世界の情報」を受け取ったら「tick イベント後の世界の情報（1 秒後の世界の情報）」を返すような関数です．この関数を 1 秒ごとに呼び出すことで世界の情報を更新していきます．

　具体的に，配送シミュレーションゲームの場合を考えてみましょう．自転車の画像を 1 秒ごとに左に少し（例えば 10 ピクセル）動かしたいとします．その場合には，以下のような `on_tick` 関数を作ります．

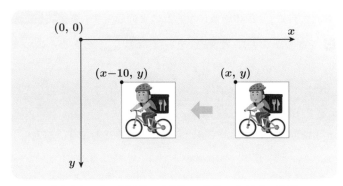

図 6.1 元の自転車の座標と 1 秒後の自転車の座標

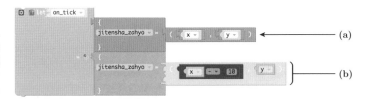

この関数は, 現在の自転車の座標が (x, y) だったとすると (a), 1 秒後には x 座標の値が 10 減って自転車の座標は $(x - 10, y)$ になる (b) ということを表しています. (図 6.1 参照.)

draw 関数のときと同じように on_tick 関数も定義しただけではゲームに反映されません. on_tick 関数を 1 秒ごとに呼び出して世界を更新するためには big_bang ブロックに on_tick 関数を登録する必要があります.

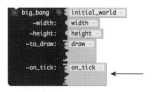

登録の仕方は 5.5 節の最後に示したのと同じです．　⚙ big_bang ⊕ の ⚙ をクリックして ~on_tick を右側の big_bang のところにつなげます．すると on_tick 関数を登録する場所が現れるので，そこに on_tick ブロックを option キー（または alt キー）を押しながらドラッグすることでつなげます．

　on_tick 関数の登録ができたら実行してみましょう．右上の「実行」ボタンを押すと，自転車が 1 秒ごとに左に移動するのが観察できると思います．最初は自宅前の $(430, 565)$ であった自転車の座標が 1 秒ごとに on_tick 関数によって更新され，$(430, 565)$ $\rightarrow (420, 565) \rightarrow (410, 565) \rightarrow (400, 565)$ と変化していっているのです．

6.3　画像の移動とは

　一般に，複雑な画面の中で特定の画像を思うように動かすのはそれほど簡単なことではありません．ですが，ここではそれが驚くほど簡単に実現できていることがわかります．これがモデル化の威力です．画像を座標でモデル化し，画像の移動を座標の移動で実現することで，単にその座標がどのように変化するのかを記述しさえすれば画像を移動できるのです．

　さらに，ひとたび画像の移動が座標の変化で表されることがわかると，別のことも見えてきます．自転車が一定速度で左に動くことの本質は，自転車の x 座標が

$$f(x) = x - 10$$

という一次式にしたがって変化することです．画像の移動が，実は

中学で習う簡単な数学にのっとっているのです．このように問題を
よく観察し，解体してみると，その本質が浮かび上がってきます．

6.4 動く速さの調整

　自転車の画像を 1 秒ごとに動かすことができました．しかし，1
秒ごとに動くのだと少しぎくしゃくした感じがあります．そこで
tick イベントが起こる間隔を変化させてみましょう．

　まずは tick イベントが起こる間隔を示す rate という変数を定
義します．

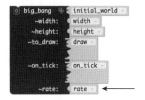

ここで rate の単位はミリ秒（1000 分の 1 秒）です．これを以下
のように ⚙ big_bang ◆ に登録すると 20 ミリ秒ごとに tick イベ
ントが発生するようになります．（rate を登録しないと 1000 ミ
リ秒（1 秒）ごとに tick イベントが発生します．）

```
⚙ big_bang ◆ initial_world
  ~width:    width
  ~height:   height
  ~to_draw:  draw

  ~on_tick:  on_tick

  ~rate:     rate        ←
```

⚙ big_bang ◆ に rate の登録場所を追加する方法は，これまで
の draw 関数や on_tick 関数を登録したときと同じです．rate は
関数ではないので，ドラッグするときに option キー（または alt
キー）を押す必要はありません．

　このように変更すると，自転車の画像が 20 ミリ秒ごとに 10 ピ

クセル動いてしまうので少し速すぎます．そこで `on_tick` 関数を変更して，一度に動かす量を 1 ピクセルに減らしてみましょう．

すると，これまで 1 秒ごとに 10 ピクセルだったのが 20 ミリ秒ごとに 1 ピクセルになります．全体として動く速度は 5 倍になり，加えて頻繁に再描画を行うようになったのでスムーズに動くようになります．

6.5 本章のまとめ

　この章では，時間経過ごとに世界の情報がどのように変化するかを指定することで画像を動かせることを見てきました．特に，画像の直線的な動きは簡単な 1 次関数で表現できます．この章では，x 座標を変化させることで横向きに画像を動かしました．同様にして y 座標を変化させれば縦向きに画像を動かすこともできますし，両方を同時に変化させれば斜めに動かすこともできます．

　時間経過に伴うゲーム画面の変化をこのように簡単に記述できた理由のひとつは，風景（ゲーム画面）の変化と世界の情報の変化を分離したことです．前の章で，世界の情報に応じて風景を作るようにしたことで，複雑な風景の作成は `draw` 関数に任せることができるようになりました．そのため，この章では時間経過ごとに世界の情報がどうなるかのみを考えればよくなったのです．世界の情報

は座標ひとつですから，時間経過による世界の情報の変化も単な
る座標上の関数で表現することができます．このように，ゲーム画
面をモデル化して「変化するデータ」を世界の情報として抽出する
のは，いろいろなところで重要な意味を持ってきます．世界の情報
は，ゲームに必要な本質的な情報を集約しているのです．

　この章で，画像が動くようになりました．しかし，動かすことの
できる方向はいつも決まった方向で，それを変えることはできませ
ん．これは「動く方向」が世界の情報には入っておらず，変化させ
ることができないためです．次の章では，動く方向を世界の情報に
追加し，キー入力によってそれを変化させることで，自在に自転車
の画像を動かせるようにしていきます．

━━━━ コラム ━━━━

将来，日常会話がプログラミングの代わりにはなりませんか

　最近の人工知能の発展は目覚ましいものがあります．完璧なプログラムを書かなくても，話しかけるだけで，インターネットに検索をかけて必要な情報を提示してくれたり，家電を操作してくれたりするようになりました．車の自動運転も盛んに研究されており，「あの車の左に駐車して」と頼むだけで自動で駐車してくれる日が来るのも遠くはないかもしれません．これらは日常会話でプログラムを作っていると解釈できなくもなく，そういう意味では一部のプログラミングが日常会話で可能になりつつあると言えるかもしれません．

　しかし，こういった日常会話による指示を実現するためには，その裏で「人の言葉をどうやって聞き取るか」「その意図をどうやって理解するか」「その意図をどうやって実現するか」といった多くの問題を解く必要があります．そして，これらの問題を解くためには物事を論理的にとらえ，考察していくことが必要になります．皆さんには，便利な技術を享受しつつも，それと相反しない形で論理的な思考も学んでいってもらえればと思っています．

7 キー操作によって
データを変化させる

　前の章では，キャラクタを時間経過に沿って動かす方法を見てきました．世界の情報がどのように変化するのかを指定する関数を定義し，それを時間が経過するごとに呼び出すことで世界の情報を変化させます．ゲーム画面は，世界の情報に沿って描画されるので，これで時間経過ごとにゲーム画面が変化していくことになります．この章では，同様のアプローチでキー操作によってキャラクタを制御する方法を見ていきます．

　キー操作でキャラクタを制御するにはいろいろなアプローチが考えられます．例えば，キーを押したときにのみキャラクタを動かす方法や，動いているキャラクタに対してキーを押すことで動く方向を変化させる方法などです．どのような方法を選ぶかは，ゲームができあがったときにユーザにどのように遊んでもらいたいかによります．ここでは，自転車はすでに一定速度で動いているので，その方向をキー操作によって変化させることにします．

7.1 足りない情報

　前の章で紹介した方法で画像を動かすことはできましたが，それはあらかじめ指定された方向に進むだけでした．しかし，実際に配送シミュレーションゲームを行う際には，自転車の画像をこちらの指示した方向に，例えば，矢印キーを押したら押したキーの方向に進むようにしたいところです．このようなことを実現しようと思うと，世界に含めるべき情報が足りていなかったことに気がつきます．

　これまで，世界の情報には自転車の座標のみが入っていました．on_tick 関数は「現在の世界の情報」から「次の世界の情報」を返す関数でしたので，現在の世界の情報に自転車の座標しか入っていなければ，現在の自転車の座標のみから次の座標を決定しなくてはなりません．キーを押したときだけ自転車が動く形であれば，現在の自転車の座標と押されたキーがわかれば新しい自転車の座標を決定することができそうです．しかし，キー操作で動く方向を指定した後はキーを押してなくてもその方向に進むようにしたい場合は，「自転車の現在の座標」に加えて「現在どちらの方向に進んでいるか」という情報がなければ新しい自転車の座標を求めることはできません．言い換えると，今の世界の情報だけでは on_tick 関数で自転車の座標をどの方向に変化させたらよいのかがわからないのです．

　そこで世界の情報を拡張し，自転車の座標に加えて，自転車の進んでいる方向をベクトル（座標）の形で保持することにします．これにより世界の定義は以下のふたつからなることになります．

- 自転車の座標
- 自転車の進んでいる方向（座標の形で表されたベクトル）

7.2 世界の定義の拡張

世界に含める情報が増えたので，対応して世界の定義を拡張しましょう．それには world_t を定義するブロックを変更して以下のようにします．

これまでの jitensha_zahyo というフィールドに加えて，新たに jitensha_houko というフィールドを付け加えました．ここにも（ベクトルを表す）座標を格納します．

これまでの world_t を定義するブロックを上のように変更するには，まず以下のようにします．

(1) world_t を定義するブロックの ⚙ をクリックする．

(2) 現れた吹き出しの中の field をドラッグして，右側の record fields に追加する．

(3) ⚙ をクリックして吹き出しを閉じる．

このようにすると world_t のフィールドがひとつ追加されます．追加されたら，以下のように進めます．

(4) 追加されたフィールド名をクリックして名前の変更を選び jitensha_houko と入力して OK をクリックする．

(5) 🔲 をクリックする．現れた吹き出しの中から座標の型を表すブロック 🔲×🔲 をドラッグして jitensha_houko フィールドの右側のコネクタにつなげる．

(6)　■■■■■■ のふたつの穴には ■int■ ブロックをドラッグして
入れる.

(7)　四 をクリックして吹き出しを閉じる.

7.3　他の変数・関数の変更

world_t の定義を変更すると, それに付随して自動的にプログラ
ム中の他の対応する部分（新たに世界の情報を作っている部分や世
界の情報を関数のパラメタとして受け取って来る部分）も変更され
ます. 例えば initial_world のブロックは現在, 以下のような形
になっています.

initial_world を定義するブロックは, 世界の初期値を定めてい
ましたが, 世界が拡張されたので新しく jitensha_houko フィー
ルドが加わっています.

加わった jitensha_houko のコネクタにはまだブロックがつな
がっていないので, その初期値を定めてあげなくてはいけません.
つながっていないままではプログラムが未完成ですので実行するこ
とができなくなってしまいます. 方向の初期値は 6.4 節で設定した
ように（20 ミリ秒あたり）左方向に 1 ピクセルとすると $(-1, 0)$ を
指定すればよさそうです. そこで以下のようにします.

これ以外に変更になっているのは draw 関数と on_tick 関数です. draw 関数では, 受け取ってくるレコードの形が拡張されています. 新たに加わった jitensha_houko の部分の穴を以下のように埋めてあげましょう. 埋める際には, この draw ブロックの 🅟 ボタンを使います.

新たにパラメタとして受け取ってくる jitensha_houko の名前は, 高校数学に出てくる微分から借用して (dx, dy) にしています. これは, このパラメタが座標の変化分を示しているからです.

draw 関数は, 新たに (dx, dy) をパラメタとして受け取ってくるようになりましたが, 本体部分に変更はありません. これは, 描画するには自転車の現在の座標があれば十分だからです. 自転車の進んでいる方向は on_tick 関数で必要になってきます.

同様に on_tick 関数もパラメタ部分が新しいフィールドで拡張されますので, draw 関数と同じように変更します. さらに on_tick 関数では, 本体部分も変更して次のようにします.

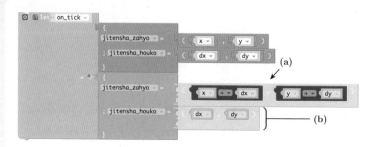

on_tick 関数の本体部分には 2 点の変更が施されています．ひと
つは tick イベント後に返す新しい自転車の座標です．前の章では
$(x-1, y)$ を返していましたが，ここでは $(x+dx, y+dy)$ を返し
ています (a)．ここが，自転車の動く方向を世界に加えることで可
能になった部分です．これまでは決め打ちで x 座標の値を 1 だけ
減らしていましたが，ここでは x 座標，y 座標の変化分がそれぞ
れ dx, dy と与えられているので，それを加える形になっています．
dx, dy の初期値は initial_world でそれぞれ $-1, 0$ としました
から，今のところは $(x+dx, y+dy)$ は $(x-1, y)$ と同じことです．
しかし，今後，dx, dy の値を変化させれば，動く方向を変化させる
ことができます．

　on_tick 関数の本体部分のもうひとつの変更は，tick イベント後
の世界に jitensha_houko が加わっていることです．これは，tick
イベント後に自転車の進む向きがどのように変化するかを表してい
ます．自転車の進む向きは，キー操作で変化させますので，tick イ
ベントでは変化させません．そこで，新しい jitensha_houko の
値は古い (dx, dy) のままであると指定しています (b)．

　以上で，つながっていないコネクタはなくなりました．世界の情

報が追加されたことによるプログラムの変更は終了です．世界の情報を変更するとプログラムの変更点が多くて大変ですが，ブロックインタフェースを使っていると新たなコネクタが出現し，変更の必要な場所が明示されるので比較的，簡単にプログラムの変更を行うことができます．

この時点で「実行」ボタンを押すと，ゲームを実行することができます．ただし，ゲームの進み方は前の章と同じで，自転車は左に進むのみです．これは (dx, dy) の値がいつも $(-1, 0)$ のままで変化しないからです．でも，世界の情報を追加したので，自転車の進む方向を変化させる準備が整いました．次の節で，自転車の進む方向をキー操作で制御できるようにします．

7.4 キーイベント処理関数

キー操作（**キーイベント**）にしたがって世界の情報がどのように変化するかを記述するのがキーイベント処理関数です．この関数の名前は **on_key** にしましょう．これは，「現在の世界の情報」と「押されたキー」を受け取ったら「キーイベント後の世界の情報」を返すような関数です．tick イベントの処理関数とは違って，「現在の世界の情報」に加えて「押されたキー」も受け取ってきます．この関数をキー操作があるごとに呼び出すことで世界の情報を更新していきます．

具体的に，配送シミュレーションゲームの場合を考えてみましょう．押したキーが左だったら自転車の動く方向を $(-1, 0)$ に，右だったら $(1, 0)$ に，上だったら $(0, -1)$ に，下だったら $(0, 1)$ に，

それ以外だったら元の方向のまま不変にしたいとしましょう.（y 軸は下向きだったことを思い出してください. 図 5.1 参照.）そのときは, 以下のような場合分けを行う on_key 関数を作ります.

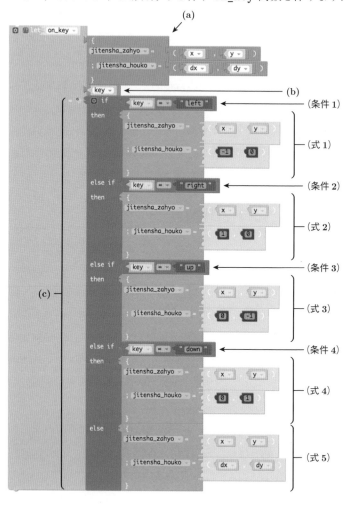

この関数は, on_tick 関数と同じように「現在の世界の情報」を受け取ってきていますが (a), それに加えて「たった今, 押されたキー」を示す key を受け取ってきています (b). すると on_key は if ブロック (条件分岐ブロック) を使って場合分けをしています (c).

ここに出てきた if ブロックは巨大ですが, その基本形は という形になります. if ブロックは, 先頭の if と書いてあるコネクタに条件を受け取り, それが真になったら (条件が成り立ったら) 次の then と書いてあるコネクタにつながっているブロックを, 偽になったら (条件が成り立たなかったら) 3 つ目の else と書いてあるコネクタにつながっているブロックを実行します. このような条件分岐は, どのような環境でプログラミングをしていてもいろいろな形で出てきます.

基本形では, 場合分けをする条件をひとつしか与えられませんが, ⚙ を押して `else if then` を加えると条件を増やすことができます. 条件を増やした場合は, 上から順に条件が成り立つかを調べていき, 最初に成り立った条件に対応する式 (のみ) を実行します. 上に示した on_key 関数を見てみましょう. ここでは, 条件を 4 つに増やしています. このような場合は, 条件 1 を満たしたら式 1 を実行します. 条件 1 を満たさなかったら次に進んで, 条件 2 を調べ, それを満たしていたら式 2 を実行します. これを繰り返して, どの条件も満たされなかったら最後の式を実行します.

具体的に on_key 関数では, 4 つの条件として key の値が "left", "right", "up", "down" のどれかであるかを調べ, そうであったら対応するブロックを, どれでもなかったら最後のブロッ

クを実行します．key の値は，押されたキーが矢印キーであれば
"left"，"right"，"up"，"down" のどれかになり，数字キーだっ
たら "3" などになり，文字キーだったら（大文字の）"A" などにな
ります．

　場合分けをもう少し詳しく見てみましょう．まず key の値が
"left" だった場合（条件 1）は，返す自転車の座標は (x, y) のま
まで，動く方向は（元の (dx, dy) が何であっても）$(-1, 0)$ になり
ます（式 1）．つまり，左キーを押しても自転車の座標は変わらず，
方向だけが強制的に $(-1, 0)$ になります．このようにすると，この
次 tick イベントが起きたときに on_tick 関数によって自転車の x
座標が 1 ピクセルぶん，小さくなることになります．このように
on_key 関数では，自転車の方向だけが変更されます．key の値が
"right" など他の値だった場合も同様です．一番，最後に key が
矢印キーでなかったら座標も方向も変更せずに元のままの世界を返
します（式 5）．これは，矢印キー以外のキーを押した場合には何も
起こらないことを示しています．

　on_key 関数が定義できたので，これを次のように big_bang ブ
ロックに登録しましょう．on_key 関数も，登録しないとキーイベ
ントを処理してくれるようにはなりません．

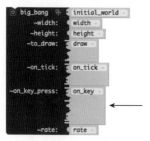

⚙ を押すと，キー操作は `~on_key_press` と `~on_key_release` の 2 種類あることがわかります．前者はキーが「押された」ときの処理を，後者はキーが「離された」ときの処理を登録します．普段，なにげなく行っているキー操作ですが，細かく見るとキーを押す操作と離す操作から成り立っています．ここでは，キーを押したときに自転車の方向を変更して欲しいので前者を使います．

on_key 関数の登録ができたら実行してみましょう．右上の「実行」ボタンを押すと，最初は左側に進んでいる自転車ですが，矢印キーを押すたびに指定した方向に動くようになることがわかります．キー操作によって世界の情報の中の方向の部分が変化しているのです．

7.5 関数の再構成

上に示した on_key 関数は，押されたキーによって場合分けをして，それぞれの場合にどのような世界を返したいのかを指定しました．これは自然のことのように思えるかもしれませんが，必ずしもこの形の場合分けがいつも自然とは限りません．

できあがった on_key 関数を見ると，jitensha_zahyo はどの条件のときもいつも同じ (x, y) であることがわかります．これは，キー操作によって変更するのは jitensha_houko のみだからです．しかし，上の on_key 関数では，jitensha_zahyo が (x, y) のままであるという指定をすべての場合について行ってます．これは，押されたキーによって jitensha_zahyo の値も変化することがある場合には適切です．しかし，jitensha_zahyo はどのキーを押し

た場合でも不変なら jitensha_zahyo の指定を何度も書くのは好ましくありません.

　このような場合には, 関数の構成を少し変更して以下のようにします.

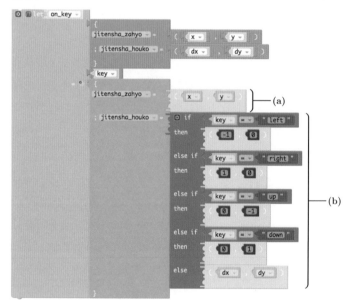

この定義では条件分岐を jitensha_houko の値を定める部分に移動しています (b). このようにすると, どのようなキーが押されても jitensha_zahyo の値は (x, y) のまま不変 (a) で jitensha_houko の値のみ押されたキーによって変更されることが明らかになります.

　この本ではこの先, 世界に新しい情報を付け加え, それに伴って各関数を次々に更新していきます. その際, 関数が上のような形で

定義されていると，`jitensha_houko` とは独立に新たな情報を加えることができるようになるため，関数の更新が少し楽になります．

7.6 本章のまとめ

この章では，世界の情報に自転車の進む方向を加え，それをキー操作にしたがって変更することで自転車を指示通りの方向に動かせることを見てきました．自転車の座標だけでなく，自転車の進む方向などゲームの状態を左右する情報はすべて世界の情報に含めます．それを適切に変更することでより複雑な動きを表現できるようになります．

関数の中に条件分岐が入って来ると何やら複雑そうに見えるかもしれませんが，条件分岐は日常生活のあらゆる場面に出てくる普通のことです．例えば，道路を渡るときに信号を見て青だったら渡るけれども赤だったら止まりますが，これは条件分岐です．また，数学の世界では絶対値をよく使います．絶対値は，正の値だったらそのままだけれども負の値だったら符号をひっくり返して求めますが，これも条件分岐です．このような条件分岐を関数の中に記述すると，条件にしたがって異なる動きをする関数を定義することができ，そこからキャラクタを指示通りに動かすようなことが可能になっていきます．

ここまでくると好きなように自転車を動かすことができ，かなりゲームらしくなってきます．しかし，今のままでは背景画像のどこでも自由に通ることができてしまいます．次の章では，背景画像のうち道路の部分のみを通るように変更していきます．

8 複雑な条件によって 場合分けをする

　前の章では，押されたキーによって世界がどのように変化するか
を記述することで，キャラクタをキーで操作できるようにしまし
た．その際，押されたキーにしたがった場合分けを行いました．こ
の章では，もう少し複雑な条件による場合分けを見ていきます．

8.1 座標更新時の制限

　前の章で紹介した on_key 関数を使うと，矢印キーを使ってキャ
ラクタを操作することができるようになります．しかし，今のまま
ではキャラクタは道路だけではなく，公園の中でも家の上でもゲー
ム画面上ならどこでも通れてしまいます．また，放っておくと画面
の外に出てしまうこともあります．配送シミュレーションゲームを
するときには，そうではなく自転車は道路の上のみを走る形にした
いところです．

　自転車の位置は，世界の情報の中の自転車の座標によって定ま
ります．その座標を変化させているのは on_tick 関数です．した
がって，自転車を道路上のみ通る形にするためには on_tick 関数
で座標を変化させる際，新しい座標が道路の上になるように制限し
てあげればよいことがわかります．そのためには，まず道路の形が
どのようになっているのかを見なくてはなりません．

8.2 道路の形のモデル化

　自転車が通れる場所を正確に道路の上のみに制限するためには，道路の形を正確にプログラムに反映する必要があります．例えば，配送シミュレーションゲームでは，道路は手書きで書かれており微妙に曲がっています．また，道路の幅もまちまちです．これらを完全に正確に反映しようと思ったら，それらの情報をすべてプログラムに入れるしかありません．

　しかし多くの場合，そこまでの正確さは求められません．多少，近似して，だいたい合っていたら大丈夫なことが多いでしょう．ここでは，配送シミュレーションゲームの道路はほぼ縦の直線と横の直線でできているとみなして，その上に自転車が乗っていればよしとすることにします．

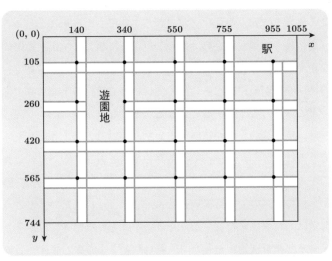

図 8.1　各交差点の位置と左上の座標

　それでは具体的に各道路がどこを走っているのかを見てみましょう．配送シミュレーションゲームの背景地図には縦に 5 本，横に 4 本の道路が走っています．各交差点の（左上の）座標はおよそ前頁の図 8.1 のようになっています．巻頭の図 3 は，この値にしたがって道路の直線を描いています．この座標では多少，背景に描かれている交差点とはずれてしまうのですが，ここでは道路はどれも軸に平行に走っていると仮定しています．このようにするとプログラムを作るのが少し楽になります．

8.3　`on_tick` 関数の変更

　道路の形が定まったので，これをプログラムにしていくのですが，その前に `on_tick` 関数が最終的にどのような形になるのかを見ておきましょう．これまでの `on_tick` 関数は，自転車の進む方向は不変のままですが，座標は必ず更新していました．それを，ここでは「更新後の座標が道路の上なら」座標を更新しますが，道路の上でないなら座標は元のままとしましょう．このようにすると（自転車の初期座標が道路上なら）動く先はいつも道路の上になり，通れないところに行こうとすると止まることになります．

　では，更新後の座標が道路の上かどうかは，どのようにしたら判定できるでしょうか．一言で「道路の上」と言っても，それは地図上の 1 本目の縦の道路の上でもよいですし，2 本目でも構いません．また，横の道路の上でも構いません．このように道路の上かどうかの判定はそれなりに複雑になりそうです．そんなときには，それを判定する関数を別途，定義して，それを使うようにします．このようにすると `on_tick` 関数を簡潔に保ったまま複雑な場合分けをで

きるようになります.

具体的には,以下のようにします.

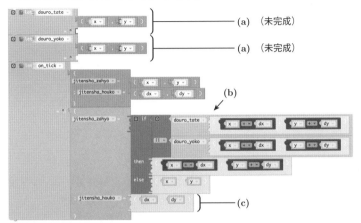

ここで,最初の douro_tate と douro_yoko はそれぞれ受け取った座標 (x, y) が縦の道路,横の道路の上に乗っているかどうかを判定する関数です (a). 見ての通りまだ中身はできていません. 中身は次節で作ります. ですが,このようなふたつの関数があったと仮定すると,on_tick 関数は上のように作れます. この関数は,jitensha_houko は (dx, dy) のまま不変であり (c), jitensha_zahyo のみ場合によって変化する (b) と言っています. ここで if ブロックの条件部分に出てくる ‖▼ が書かれたブロックは,受け取ったふたつの条件の「または」を求めるブロックです. つまり,全体として更新後の座標 $(x + dx, y + dy)$ が縦の道路上または横の道路上に乗っていたら真,どちらにも乗っていなかったら偽となります. その条件にしたがって場合分けを行い,道路上に乗っている場合のみ jitensha_zahyo を更新しています.

　前頁のブロックは，まだ関数 douro_tate と douro_yoko が未完成ですので実行することはできません．次の節で，これらの関数がどのようになるかを見ていきます．

8.4 道路上かを判定する関数

　まずは，受け取った座標が縦の 5 本の道路のどれかの上に乗っているかを判定する関数 douro_tate を作っていきましょう．この関数が受け取るものは更新後の座標 (x, y) で，返すものは真偽値です．真偽値というのは「真」または「偽」のどちらかで，条件が成り立つか成り立たないかを表現するものです．if ブロック（条件分岐ブロック）は，条件部分の真偽によってふたつの選択肢のうちの片方を選びます．

　道路の幅は，ほぼ自転車の画像の大きさ（縦横ともに 40 ピクセル）と同じです．したがって，自転車の左上の座標がぴったり交差点の座標と重なれば，自転車が通れることになります．例えば，自転車の x 座標がちょうど 140 になれば，一番左の縦の道路の上にいることになります．しかし，1 ピクセル単位でちょうどのところを通すのはゲームとしては難しくなります．そこで，交差点の座標を中心として 10 ピクセルの間（座標から 5 ピクセル引いたところ以上，5 ピクセル加えたところ未満）だったら通れることにします．例えば，一番左の縦の道路であれば，自転車の x 座標が 135 以上145 未満なら通れることにします．（図 8.2 参照.）

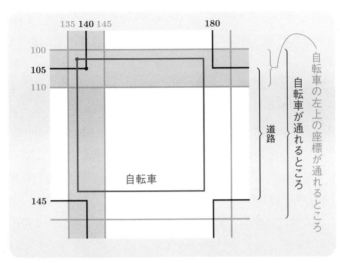

図 8.2 道路上で自転車が通れる範囲

　以上を 5 本ある縦の道路すべてについて判定してあげます．以下
のようになります．

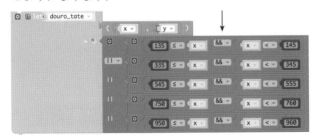

ここに出てくる **&&** が書かれたブロックは，受け取ったふたつ
の条件の「かつ」を求めるブロックです．そのようにして作られた
5 つの条件のどれかが成り立てば，自転車は 5 本の縦の道路のどれ
かの上にいることになります．そこで，これらの条件の「または」

を  が書かれたブロックで求めています．ここでは「または」
をとる対象が 5 つあるので ⚙ ボタンを使ってコネクタを増やして
います．

　この関数は x 座標，y 座標の両方を座標の形で受け取ってきます
が，関数の中身では y 座標の値は使っていません．それならば y
座標の値を受け取ってくる必要はないのではないかと思うかもしれ
ません．上の関数を作るだけだったらその通りなのですが，次節で
y 座標も使ってより細かな判定をするので，ここでは両方の座標値
を座標の形で受け取ることにしておきます．

　これで関数 douro_tate を定義できました．しかし，その中身
を見ると必ずしも「x 座標の値が 140, 340, 550, 755, 955 のどれか
の付近になっているか」を直接，表現しているわけではないことに
気がつきます．上の定義にはこれらの数字は現れておらず，代わり
に少しずれた値が書かれています．上の定義は間違っているわけで
はないのですが，わかりにくいのです．そこで「座標の値（x 座標
の値，または y 座標の値）がある値 a の付近かどうか」を判定す
る関数 near を別途，定義してみましょう．次のようになります．

このような関数を一度，定義しておくと douro_tate は次のよう
に書くことができます．

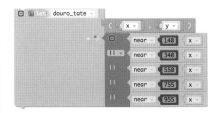

このように書くと「x 座標の値が 140, 340, 550, 755, 955 のどれか
の付近になっているか」を直接，表現できており，プログラムを理
解しやすくなります.

　このような変更は些細なことと思うかもしれません. ですが, プ
ログラムが大きくなりひとつの関数で行う作業が複雑になってくる
と, 仕事単位で関数を定義するのは重要になってきます. それは,
その部分に意味を与えることができるからです. 元の douro_tate
は単に 10 個の論理式が「かつ」や「または」でつながれているだ
けで, その意味は論理式から推論しなくてはなりませんでしたが,
変更後の douro_tate は「x 座標が 140 に近いか」など意味のあ
る式からできているのです.

　また, 仕事単位で関数を定義しておくと, その関数を別の場面で
使うことができるようになるという利点もあります. 実際, 上で定
義した関数 near は, 9.6 節で near_xy という関数を定義すると
きにも使用します.

　縦の道路と同様にして, 横の道路についても次のような定義を作
ることができます.

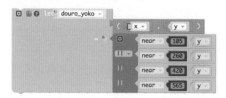

　以上で道路に乗っているかどうかの判定をできるようになりました．これで「実行」ボタンを押すと，以前の通りキー操作で自転車の進む向きを制御できますが，道路のないところに進もうとすると止まるようになります．

8.5　より細かい条件の設定

　前節で自転車はおおよそ道路の上しか走れなくなりましたが，このままだとまだ画面をはみ出してしまうことがあります．また，配送シミュレーションゲームの背景をよく見てみると，一番右の縦の道路は上に駅があってそれ以上は進めなくなっています．さらに，上から 2 本目の横の道路は途中に遊園地があって通り抜けできません．これらの条件も加えてみましょう．

　道路の上に乗っているかの判定を独立した関数で行っているので，これらの条件を加えるのは難しいことではありません．単にその条件を該当する部分に増やせばよいだけです．

　まず，縦の道路の上に乗っているかの判定のときに，ゲーム画面から上下にはみ出ていないかの判定を加えましょう．これは自転車の y 座標の値が画面の中に収まっているかを判定します．図 8.3 を見てください．y 座標の値は 0 以上 height - 40 未満であれば大丈夫です．ここに出てくる 40 というのは自転車の画像の縦の長さ

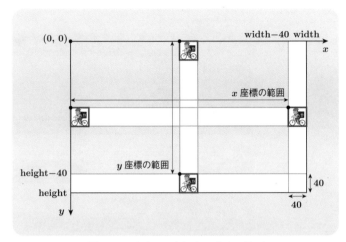

図 8.3　画面上で自転車が動ける範囲

です．自転車の座標の y 座標が height になってしまったら，自転車の画像の一番上の部分だけがゲーム画面に出てきて，その下のほとんどの部分はゲーム画面からはみ出てしまいます．自転車の画像全体がゲーム画面内に収まるように y 座標の値は height よりも 40 小さい値までにしています．同様に，左右にはみ出ないかの判定は，自転車の x 座標が 0 以上 width - 40 未満であるかで判定します．この 40 は自転車の画像の横の長さです．

　自転車が右上の駅に突っ込まないようにするためには，自転車の y 座標の値が 100 以上になっているかを判定します．この値は 1 本目の横の道路の y 座標から 5 を引いた数字です．同様に，自転車が遊園地に突っ込まないようにするためには，自転車の x 座標の値が 145 未満か 335 以上であるかを判定します．

　以上をまとめると次のようなプログラムになります．

このような条件を判定するときには，ブロックの結合の仕方に注意をしてください．例えば douro_yoko に出てくる

というブロックは，

-
-

というふたつの条件がどちらも成り立っているかを判定しています．これは，外部入力でブロックを作っていると当たり前に見えますが，上のブロックはインライン入力にすると

となります．この **&&** が書かれたブロックと **||** が書かれ

たブロックの結合の仕方を換えて

とすると，見た目は元のブロックと似ていますが，こちらは

のどちらかが成り立つかを判定することになり，全く意味が異なってきます．

　以上で道路の判定関数は完成です．判定関数の定義を変更して「実行」ボタンを押すとゲーム画面からはみ出ることもなければ，駅や遊園地に突っ込むこともなくなります．

8.6 本章のまとめ

　この章では，複雑な場合分けとしてキャラクタを道路上に乗せる方法を見てきました．複雑な条件も結局のところ個別の条件に分解され，それらを組み合わせることで指定していきます．条件が複雑になる場合には判定を行う関数を別途，定義すると見通しが良くなります．

　まとまった仕事を別の仕事として定義するのは，プログラミングに限らず役に立つ考え方です．複数の人で仕事を分業するときなど，仕事単位で上手に分割できると，部分部分にとらわれることなく全体を把握しやすくなります．

　次の章からは，世界の情報を増やして，牛乳とヨーグルトの配送を行っていきます．

9 扱うデータを増やす

　前の章まででキャラクタの操作の部分は完成しました．この章からは，牛乳とヨーグルトの配送の部分を扱っていきます．それを通して，新たなデータを扱うには何が必要なのかを考えていきます．

9.1 データ追加の概要

　この章からは，牛乳とヨーグルトを配送できるようにするために，以下の順番で世界の情報にデータを追加していきます．

- 自転車で運んでいる牛乳とヨーグルトの量
- 配送先一か所の座標とそこで必要な牛乳とヨーグルトの量
- 複数の配送先の座標とそこで必要な牛乳とヨーグルトの量

これらの情報を世界の定義に加えると，それに伴ってプログラムをあちこち変更しなくてはなりません．この変更は，いずれも以下の手順を踏みます．

(1) 世界の型 world_t に新たな情報を追加する．

(2) 世界の初期値 initial_world に新たに必要となった情報を追加する．

(3) 世界を受け取ってくる関数（draw, on_tick, on_key 関数）のパラメタ部分に新しいパラメタを追加する．

(4) 世界の情報を返す関数 (on_tick, on_key 関数) の本体部
分で，新たに加わった情報を合わせて返すようにする．

(5) 追加した情報に特有の変更を加える．

このうち (3) と (4) は単純作業ですので，考えなくてはいけない
のは (1) どのようなデータを追加するか，(2) 加わった情報の初期
値をどうするか，と (5) 新たに加わったデータをどのように利用す
るかになります．

以下の各節では，これら 5 段階の手順が具体的にどうなるかを明
示しながら進めていきます．

9.2 牛乳とヨーグルトの量の追加

配送先を加える前に，まずは自転車で牛乳とヨーグルトを運べる
ようにしましょう．これまで，世界に含まれていた情報は自転車の
座標と進む方向のみでした．そこに，自転車に積まれている牛乳と
ヨーグルトの量を追加します．それには world_t の定義を次のよ
うに変更します．

新たに milk と yogurt というフィールドを加えました．それぞれ
自転車に積まれている牛乳，ヨーグルトの量を整数で表現します．
これで，データ追加の際に必要な 5 段階の手順のうちの (1) ができ
ました．

9.3 世界の初期値の決定

　世界 world_t の定義を変更すると，自動的にプログラム中の対
応する部分が変更されます．具体的には，世界の情報を作っている
部分と，世界の情報を関数のパラメタとして受け取ってくる部分で
す．これらを順番に見ていきます．

　世界の定義を拡張すると，まず initial_world に新しい milk
と yogurt のフィールドが付け加わります．これらのフィールドに
はまだブロックがつながっていないので，値を決めてあげる必要が
あります．ここでは，初期値としてどちらも 0 を入れておきましょ
う．これは，ゲーム開始段階ではまだ自転車に牛乳やヨーグルトを
ひとつも積んでいないことを示しています．

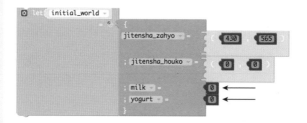

　これでデータ追加の際に必要な 5 段階の手順のうちの (2) が終了
です．ここでは，新たに加わった情報の初期値を定めました．

9.4 関数のパラメタの変数名を決定

次に，世界の情報を扱う関数を見ていきましょう．世界の情報を拡張すると，on_key, on_tick, draw 関数のパラメタとして，新たに milk フィールドと yogurt フィールドが増えます．これらの値を受け取ってくる部分のコネクタにはブロックがつながっていないので，ペ ボタンから変数を選択して入れておきましょう．名前はそれぞれ m と g[1] にします．例えば，draw 関数は以下のようになります．

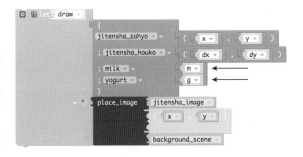

同様にして on_key 関数, on_tick 関数のパラメタも変更します．

これで，データ追加の際に必要な 5 段階の手順のうちの (3) が終了です．ここは，単に新たに加わったパラメタの名前を決めて入れてあげるだけです．

---

[1] ヨーグルトなので y という名前にしたいところですが，y は自転車の y 座標に使っているので g にしました．

9.5 新しい情報の暫定値を決定

世界の定義を拡張すると，世界の情報を扱う関数の中身も変更になります．例えば on_key 関数は次のようになっています．

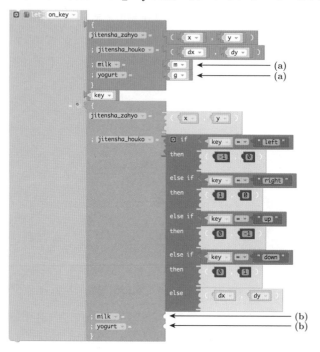

パラメタの部分には，すでに先ほどデータ追加の際に必要な5段階の手順のうちの (3) で m, g という変数を入れています (a)．しかし，この関数はさらにキーを押した後の新しい世界を作って返しており，その部分に新しい milk, yogurt のフィールドが増えています (b)．これらのフィールドにもまだブロックがつながっていないので，値を決めてブロックをつなげてあげる必要があります．

initial_world のところでは世界の初期値を考えて入れましたが，ここでは受け取った m, g の値をそのまま用いることにします．これは，キーを押しても milk, yogurt の値は変わらないとしていることに相当します．ここではコネクタに元と同じ値を入れて，とりあえず実行できる形にしておき，実際にどのような値にすべきかは次の節で考えます．同様にして on_tick 関数も変更します．

　以上でデータ追加の際に必要な 5 段階の手順のうちの (4) が終了です．ここまでの手順は，新しい初期値を定める以外はほとんどが単純な作業です．増えた世界の情報に対応してひとつひとつ手を加えてあげなくてはならないので面倒ですが，すべきことは定まっているのでほとんど頭を使うことなく行うことができます．

　ここまでを行うと，すべてのコネクタにブロックがつながったので，プログラムを実行できる状態になっています．しかし，新たに付け加えた milk, yogurt フィールドの値は初期値のまま変更されることはありません．というのは，on_tick 関数も on_key 関数もこれらの値を変更せずに返しているからです．ですから，この時点で実行されるゲームの動きは前章で作ったゲームの動きと同じです．

　これは，問題 1 で扱った小学校の身体測定で，各児童の学年だけでなく生年月日も欲しくなったときの状況と似ています．生年月日の情報を集めるには，児童全員について生年月日を書く場所を増やしてあげなくてはなりません．また，実際に各児童にその欄を埋めてもらわなくてはなりません．これは面倒ですが頭を使う必要のない単純作業です．

　一方，このようにして生年月日の情報を集めたとしても，それを使わなかったら結局，得られるものは変わりません．得られるもの

は相変わらず各学年の身長と体重の平均だけです．この節までで
作ってきたプログラムはこの段階に相当します．新たに得た情報か
ら，例えば月ごとの平均を出して成長の推移を見たいと思えば，そ
れに対応した処理をする必要があります．それを行うのが次節以降
です．

9.6 新しい情報の値を決定

　それではいよいよ最後の変更，新たに加えた情報をどのように使
い，どのように更新したらよいかを考えましょう．ここが，新たに
データを追加した際に考えなくてはならない最も重要なところで
す．ここでは，関数が返す世界の値をどのように変更したらよいか
を考えます．

　自転車に積まれている牛乳とヨーグルトの量は以下の場面で変化
します．

- 自宅に戻ったとき．（新たに牛乳とヨーグルトを積み直す．）
- 配送先に着いたとき．（配送するぶんだけ牛乳，ヨーグルトの
  量を減らす．）

今はまだ配送先を作っていないので，ここでは前者のみに対応する
ことにしましょう．後者は次章以降で対応していきます．

　上の変更は，いずれも tick イベントが起きたときの変化です．
キーを押したときは，単に自転車の進む向きが変化するだけなので
牛乳やヨーグルトの量は変化しません．したがって on_key 関数
はこのまま変更しなくてよいことがわかります．変更が必要なのは
on_tick 関数です．次のように変更します．

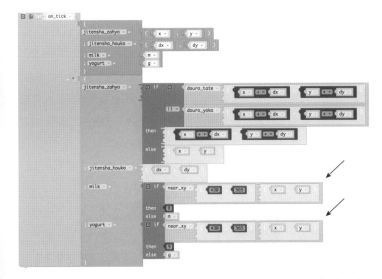

変更したのは milk フィールドと yogurt フィールドの部分です.
どちらも条件分岐を入れて,自転車の座標 (x, y) が自宅の座標
$(430, 565)$ に近かったら 9 に,そうでなければ元の m, g にしてい
ます.この 9 というのは,一度に自転車に積める牛乳,ヨーグルト
の量の上限です.ここでは表示のことを考えて一桁を上限としてみ
ました.

ここに出てきた near_xy ブロックは以下のように定義される関
数で,与えられた座標 (a, b) と (x, y) が近いかどうかを判定します.

この関数は,以前に定義した near 関数を使って a と b がそれぞ
れ x と y に近いかを判定しています.

9.7 新しい情報の表示

　以上のようにプログラムを変更して実行すると，自宅に戻ったときに牛乳，ヨーグルトの量が 9 に増えるようになります．しかし，このままでは内部にデータがあるだけでゲームをしている私たちにはその値が見えません．そこで，自転車の右上に現在の牛乳とヨーグルトの量を数字で表示するようにしてみましょう．

　まず，表示する数字の画像を作る関数として以下を定義します．

ここに出てくる `string_of_int` というブロックは数字を文字列に変換する関数で，「文字列」メニューにあります．また `text` というブロックは，受け取った文字列を指定された大きさ，色の画像に変換する関数で，こちらは「画像」メニューにあります．これらを使って定義された上の関数を使うと，例えば `number_image 3` とすることで 3 の画像を得ることができます．

　次に，牛乳，ヨーグルトの数字を出す位置を決めます．ここでは，自転車の画像の右上に出すことにしましょう．数字を出す位置は，自転車の位置との相対的な位置で決まります．そこで，次のような関数を定義します．

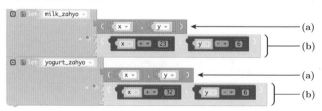

これらの関数は，自転車の座標を受け取ったら (a)，それぞれ牛乳の量を表示すべき座標，ヨーグルトの量を表示すべき座標を返します (b)．自転車の右上に表示するので，x 座標を少し増やし，y 座標を少し減らして♠2あります．また，x 座標に加える値をずらすことで，牛乳の数字とヨーグルトの数字が重ならないようにしています．

以上の関数を使って draw 関数を以下のように変更します．

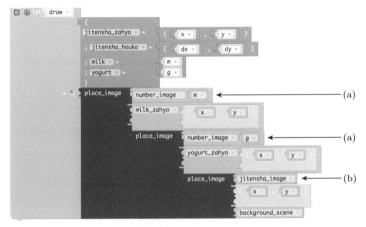

これまでは背景の上に自転車の画像を乗せていただけ (b) でしたが，ここではさらに牛乳の量，ヨーグルトの量を乗せています (a)．牛乳の量を表す画像は `number_image m` で，ヨーグルトの量を表す画像は `number_image g` で得られます．それぞれを置くべき位置は `milk_zahyo ( x y )` ， `yogurt_zahyo ( x y )` となります．

以上の変更を加えた上でゲームを実行してみましょう．自転車の右上に牛乳とヨーグルトがそれぞれ 9 個，積まれていることが示さ

♠2 y 軸は下向きであることを思い出してください．

れたと思います．巻頭の図 1 を参照してください．初期値は牛乳も
ヨーグルトも 0 個でしたが，自転車の初期座標が自宅前なので，そ
れぞれすぐに 9 個に変更されています．自転車の初期座標を別の
場所に移動すれば，最初は 0 個で自宅前を通ると 9 個に変更され
ます．

9.8　本章のまとめ

　この章では，世界の情報を増やすには何を考えなくてはいけない
のかを概観しました．牛乳とヨーグルトの量を例に，増やす情報は
何か，その初期値はどうするのか，そして各種のイベントでそれが
どのように変化するのかを指定しました．

　ブロックを組むのに慣れてくると，次第に「世界をどのように定
義するのか」「世界をどのように変化させるのか」が重要になって
くることに気がついたと思います．これが「プログラムを作る」と
いうことです．ブロックを組むこと自体はさほど難しくはなく，む
しろどのようにブロックを組めばよいのか，そもそも問題をどのよ
うに解いたらよいのかを考えるのがプログラミングです．

　どのように問題を解いたらよいのかを私たちが考えるということ
は，私たちが世界を適切に変化させない限りゲームは思うようには
動かないということも意味しています．ゲームはすべて私たちの指
示通りに動いているのです．そこには何ら不思議なことは起きてお
らず，一見すると複雑なゲームであっても，私たちが与えた細かな
指示の集大成としてできあがっています．

　次の章では，さらに配送先の情報を加えていきます．

10 関連するデータを ひとまとめにする

　前の章では，世界の情報を増やす方法を概観しました．この章では，それを使って牛乳とヨーグルトの配送先一か所の情報を加えます．その際，配送先の情報の表現方法について考察します．次章では，配送先が複数になった場合について考えます．

10.1 配送先の追加

　前の章で，世界の情報を増やして自転車に積まれている牛乳とヨーグルトの量を扱えるようにしました．同様にして，ここでは配送先一か所の情報を加えます．配送先の情報としては，配送先の座標，必要な牛乳の量，そして必要なヨーグルトの量の3つを追加しましょう．これは，前の章と同じように世界 world_t を定義するレコードにこれらのフィールドを付け加えることで行うことができます．

　ですが，ここで少し立ち止まって考えてみましょう．今，追加しようとしている配送先は一か所のみですが，この先，配送先はどんどん増えていきます．そのたびごとに3つの情報を別々に管理するのは煩雑です．そこで，世界の情報を変更する前に，配送先の情報を表すデータを定義しておきましょう．それには，次のような定義を world_t を定義するブロックの手前につなげます．

このブロックは `haisosaki_t` という名前のレコードの型を定義して
います．これで配送先の情報をまとめて表現します．配送先は 3
つのフィールドからできています．`haisosaki_zahyo` は配送先の
座標，`haisosaki_milk` と `haisosaki_yogurt` は配送先に必要な
牛乳とヨーグルトの量です．

　このような定義を `world_t` を定義するブロックの前につなげる
と，この型が `world_t` の 田 の中に現れるようになり，`world_t` の
定義で使用することができるようになります．そこで，これを使っ
て `world_t` の定義を以下のように拡張してみましょう．

新たに（ひとつ目の）配送先として `haisosaki1` というフィー
ルドを加えました．その型は直前に定義した `haisosaki_t` で
す．これは `haisosaki1` フィールドには `haisosaki_zahyo`,
`haisosaki_milk`, `haisosaki_yogurt` の 3 つのフィールドを持っ
たレコードが入ることを意味しています．

　配送先の情報を加える際，わざわざ新たに型を定義するのは面倒
に思えるかもしれません．しかし，このように関連するデータをま
とめてひとつのデータのように扱うと全体の見通しはよくなりま

す．これは，例えば各児童の学年，名前，身長，体重をばらばらに
管理していると多くのデータがごちゃごちゃになってしまいそうな
ところを，児童の身体測定情報としてひとりの情報を 1 枚の紙にま
とめて記述すればすっきりするのと似ています．

10.2 世界の初期値の決定

　世界の定義を変更できたら，プログラムを順次，変更していきま
す．ここの流れは前の章と同じです．まず，増えた配送先部分につ
いて初期値を定めます．配送先は haisosaki_t 型のレコードです
ので，初期値もレコードの形で与える必要があります．例えば，次
のようになります．

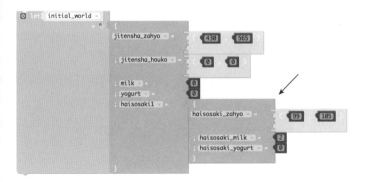

ここで (99, 105) という座標は，ゲーム画面の一番，左上の交差点
のすぐ左側の路上を指しています．巻頭の図 3 を参照してくださ
い．ここまで自転車が来ると，遊園地の左にある家に牛乳 2 本を配
送できるという設定です．ヨーグルトは 0 個としていますが，ヨー
グルトも一緒に配送することにしても構いません．ここで配達する

のを牛乳のみとしているのは，たまたま背景に描かれている配送先の家から牛乳の旗しか出ていないからです．

10.3　関数のパラメタの変数名を決定

　世界の初期値を設定できたら，次は関数のパラメタに移ります．新たに加わった情報はひとつ目の配送先ですので，それに対応するパラメタの変数名を定めます．ここでは h1 としておきましょう．例えば draw 関数は以下のようになります．

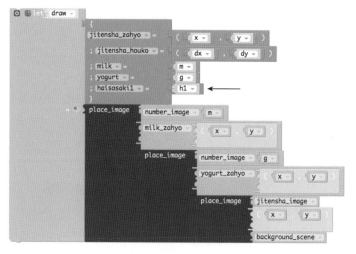

　同様にして on_key 関数, on_tick 関数のパラメタも変更します．

10.4 新しい情報の暫定値を決定

関数のパラメタを追加できたら，次は関数の本体です．ここでは，配送先の情報を変更せずにそのまま返す形で本体を作ります．例えば，on_key 関数は以下のようになります．

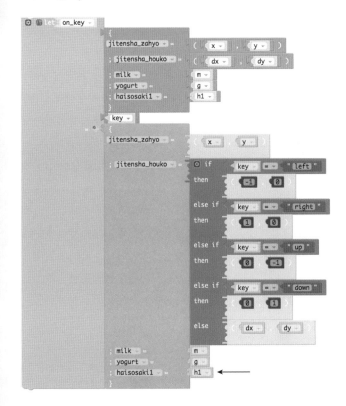

単に，キーを押した後の配送先として元の h1 をそのまま返すようにしただけです．7.5 節で，押されたキーによる条件分岐を

`jitensha_houko` フィールドの中のみにしたため，`haisosaki1`
フィールドが複数の場所に現れることはなく一か所のみになってい
ます．そこに `h1` を入れます．

　同様にして `on_tick` 関数も変更します．

10.5 新しい情報の表示

　ここまでできたら，いよいよ新しい情報の変更方法を考えます．前
の章では `on_tick` 関数でどのように新しい情報が更新されるか，
また `draw` 関数でそれをどのように画面に表示するかを見ました．
ここでは順番をひっくり返して，より簡単な `draw` 関数の変更から
見ていきます．`on_tick` 関数については次節以降で扱います．

　配送シミュレーションでは配送先を目指して自転車を動かすの
で，配送先を何らかの形で画面に示さなければなりません．さら
に，その配送先に必要な牛乳とヨーグルトの量も明示されている必
要があります．ここではこれらの情報を，自転車に積んでいる牛乳
とヨーグルトの量と同じく，配送先の座標の右肩にふたつの数字と
して表示することにします．自転車の右肩の数字と配送先の数字が
画面上で重なったら配送できたことにします．（図 10.1 参照.）

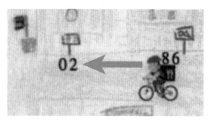

図 10.1　自転車の右肩の数字を配送先の数字に重ねる

それでは具体的に draw 関数をどのようにしていけばよいのか見ていきましょう．配送先の座標がわかれば，牛乳とヨーグルトの量を表示する座標は（自転車に積んでいる牛乳，ヨーグルトの量と同様にして） milk_zahyo ， yogurt_zahyo を使って求めることができます．また，表示する数字の画像は，配送する牛乳，ヨーグルトの量がわかれば number_image を使えば作ることができます．このように，機能単位で関数を定義しておくとそれをいろいろな場面で使うことができます．

しかし，draw 関数の出だしは以下のようになっていました．

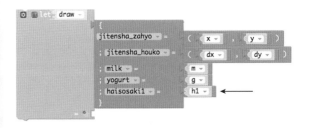

配送先の情報は h1 というパラメタにもらってきますが，その中身はここには書かれていません．これでは配送先の座標や配送する牛乳，ヨーグルトの量がわかりません．そこで，次のように配送先の情報 h1 から直接，必要な情報を作る関数を定義します．まずは，牛乳とヨーグルトの量を表示する座標を求める関数です．

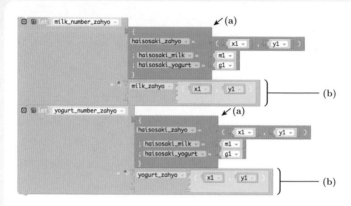

これらの関数は，パラメタとして h1 のような haisosaki_t 型の配送情報を受け取ってきます (a)．すると，その中の座標情報を取り出してから ，ヨーグルトの数を表示するべき座標をそれぞれ返します (b)．

次は，数字の画像を作る関数です．

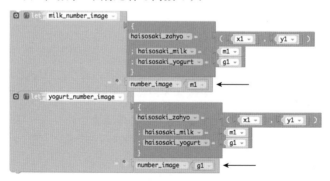

こちらも牛乳，ヨーグルトの量を取り出してから， を使って画像に変換しています．

これらの関数を定義すると, draw 関数は以下のように定義できます.

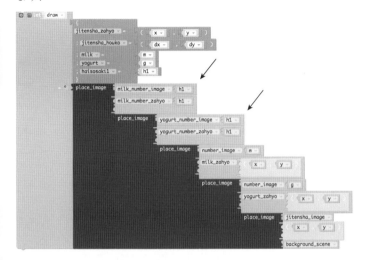

これまでの自転車の画像に加えて, さらに配送先の牛乳, ヨーグルトの量を配送先の座標に表示しています.

以上のようにプログラムを変更して実行すると配送先付近に数字でいくつの牛乳, ヨーグルトが必要なのかが出るようになります.

10.6 配送先での処理

前節までで, 配送先の牛乳とヨーグルトの量を表示できるようになりました. しかし, まだ配送先に自転車を動かしても何も起こりません. これは on_tick 関数をまだ変更しておらず, たとえ配送先に到着したとしても牛乳やヨーグルトの量が更新されないからです. そうではなく, 配送先に到着したら以下の 2 点を行いたいところです.

- 自転車に積んでいる牛乳，ヨーグルトの量を配送したぶんだけ減らす．
- 配送先で必要な牛乳，ヨーグルトの量を配送されたぶんだけ減らす．

例えば，自転車に牛乳 9 本と，ヨーグルト 9 個を積んでいたとしましょう．この状態で牛乳 2 本のみが必要な配送先（牛乳 2 本，ヨーグルト 0 個が必要な配送先）に着いたとすると，自転車に積まれている牛乳は 7 本に減り，ヨーグルトの数はそのままです．また，配送先に必要な牛乳は 0 本になります．（必要なヨーグルトの数は 0 個のまま．）

　ですが，微妙なケースもあります．もし，自転車に牛乳が 1 本しか残っていないのに，配送先で牛乳が 2 本必要だったときにはどうすればよいでしょうか．これにはふたつの選択肢が考えられます．

- まずは 1 本を届け，自転車に積んでいる牛乳の数は 0 本とする．配送先に必要な牛乳の量は 2 本から 1 本に減らす．（残りの 1 本は後で届ける．）
- 必要な牛乳 2 本が手元にないので，1 本も届けない．したがって，自転車に積んでいる牛乳の数も配送先で必要な牛乳の数も不変．

これは，どちらを選ぶこともできます．どちらを選んだとしても，そのように動くプログラムを作ることができます．したがって，ここで重要なのは私たちがどのようなゲームを作りたいのかです．それを決めなくてはなりません．このように，プログラムを作る際には「私たちの意図」が重要な意味を持ってきます．ここでは，2 本

欲しいとお願いをしていたのに 1 本しか届かなかったら顧客が心配
しそうなので，後者，つまり必要な量がなければその時点では届け
ないことにしましょう．

　さらに別のケースとして，牛乳とヨーグルトのうち片方のみしか
十分な量が手元にない場合も考えられます．この場合も，十分な量
がある方のみを届けてもう片方は後で届けるという方法と，どちら
も十分な量がある場合のみ届けるという方法があります．これも，
どちらを選んでもそのように動くプログラムを作ることができま
す．ここでは牛乳とヨーグルトは別々ととらえて，片方のみ届けて
もう片方は後で届けることにします．

　配送先に到着したときの処理が定まったので，ここでそれをまと
めておきましょう．

自転車に積まれている牛乳の量　「自転車が配送先付近に到着して
　　おり，配送先に必要な牛乳が自転車に積まれている場合」は
　　「自転車に積まれている牛乳の量から配送に必要な牛乳の量を
　　引いた数」になり，そうでない場合は「もともと自転車に積ま
　　れている牛乳の量」のまま．

自転車に積まれているヨーグルトの量　牛乳の場合と同様．

配送先の情報

　　座標　元のまま．

　　牛乳の量　「自転車が配送先付近に到着しており，配送先に必
　　　　要な牛乳が自転車に積まれている場合」は（配送が済んだ
　　　　ので）0，そうでない場合は「元の必要な牛乳の量」のまま．

　　ヨーグルトの量　牛乳の場合と同様．

以上の処理を on_tick 関数で行うことになります．ここで，変更前の on_tick 関数を振り返っておきましょう．以下のような形をしていました．

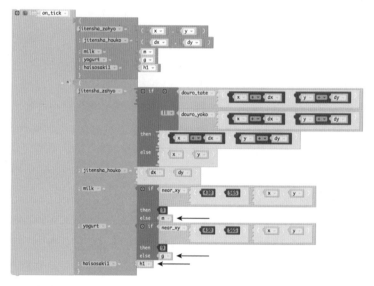

このうち，先ほど示した方針にしたがって変更したいのは milk フィールドと yogurt フィールドの else 部分，そして haisosaki1 フィールドです．それぞれを行う関数をどのように定義したらよいか検討してみましょう．

10.7 作成したい関数の概形

まず，自転車が配送先付近に到着したときに，自転車に積まれている牛乳の量がどのように変化するかを計算する関数を考えてみましょう．この関数は次のように書けそうです．

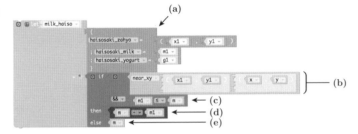

この milk_haiso 関数は，配送先の情報をパラメタとして受け取っています (a)．それを使って配送後の自転車に積まれている牛乳の量を計算しています．自転車の座標 (x, y) が配送先の座標 (x_1, y_1) に近いかどうかを判定し (b)，さらに積んでいる牛乳の量 m が十分だったら (c)，配送後に自転車に残る牛乳の量は $m - m_1$ になります (d)．それ以外の場合は m のままです (e)．同様にして自転車に積まれているヨーグルトの量を求める関数や，配送後の配送先の情報を返す関数なども考えることができるでしょう．

このような関数を作れれば，これらを使って on_tick 関数を作れそうです．しかし，これらの関数は，このままでは直接，定義することができません．それは，内部で x, y, m, g という自転車についての情報を使っているからです．普通，関数というのは受け取った情報から答えを計算します．上の例なら，受け取った配送先の情報から配送後の牛乳の量を計算しようとします．

　ところが，上の関数は配送先の情報に加えて自転車についての情報も使っているのです．これらの値が何であるかわからないと，上の関数は意味をなしません．milk_haiso 関数は，例えば a の値がわからないまま $f(x) = x + a$ という関数を定義しているようなものです．この関数は a の値が定まらない限り意味をなしません．

　それでは，自転車の情報である x, y, m, g の値はどのように定められるでしょうか．ちょっと考えてみると，それらは特定の値には定められないことがわかります．今，定義しようとしている関数 on_tick は「（自転車の情報を含む）現在の世界の情報」を受け取ったら，次の世界の情報を返すような関数です．そして，今必要な情報は，その「現在の世界の情報」において，自転車が配送先の近くに来ているか，配送に十分な量の牛乳，ヨーグルトがあるかといったことです．つまり，自転車の情報は on_tick 関数が呼ばれて，具体的な世界の情報が与えられない限り定まらないのです．このことは，上の milk_haiso 関数が on_tick 関数の中でしか意味をなさないことを示しています．on_tick 関数が呼ばれ，現在の世界の情報が定まって初めて milk_haiso 関数は意味をなすのです．

10.8 局所関数定義

　以上の考察から，milk_haiso 関数は on_tick 関数の中に定義します．このように一部の場所でのみ意味をなす関数を**局所関数**と呼びます．これまでの関数は，一度，定義されたらそれ以降のどこでも使うことができました．一方，局所関数は他の関数の中に局所的に定義され，その中でのみ使うことができる関数です．

　局所関数を定義するには let ブロックの特殊な形である in 付き

の let ブロック[1]を使います．これまでに見てきた let ブロック
とは異なり in 付きの let ブロックは次のような形をしています．

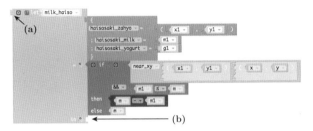

これは，前に示した milk_haiso 関数を局所関数定義の形に直し
たものです．前と同じように配送先の情報を受け取ると，条件に
よって $m - m_1$ または m を返します．このように，定義される
milk_haiso 関数の働きは前と全く同じなのですが，それ以外の点
でふたつほど違いがあります．

　ひとつは，このブロックの上側にはコネクタがなく，代わりにブ
ロックの左側にコネクタがある点です (a)．これまで，数字や条件
分岐などほとんどすべてのブロックには左側にコネクタがついてお
り，それを let ブロックにつなげて関数を定義してきました．一
方，let ブロックや型定義ブロックは上下にコネクタがついていた
ため，それらを let ブロックの右側につなげることはできません
でした．ここで新たに出てきた in 付きの let ブロックは左側にコ
ネクタがついているので，これを使えば関数を他の let ブロック
の中で局所的に定義することができるようになります．

　もうひとつの違いは，in 付きの let ブロックには下側のコネク

---

[1]両者の切り替えは let ブロックを右クリックして，「in を削除」または「in を
追加」を選ぶことで行えます．

タもないということです．その代わりに in と書かれたコネクタが
右下についています (b)．このコネクタがこれまでの下側のコネク
タの役割を果たしていて，ここで定義した関数はこのコネクタの先
（のみ）で使うことができます．

このように局所的に milk_haiso 関数（や他に必要な関数）を定
義した上で，on_tick 関数を定義します．最終的に on_tick 関数
は以下のような構造になります．

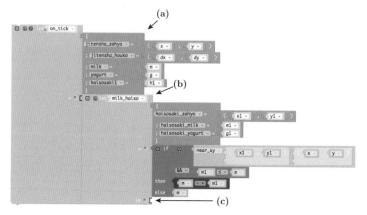

まず，以前の通り on_tick 関数は世界の情報を受け取ると (a)，
tick イベント後の新しい世界の情報を返そうとします．ですが，そ
の新しい世界の情報を作るためには局所関数が必要ですので，まず
milk_haiso 関数を局所的に定義します (b)．そして，その in 以
下のコネクタ (c) に新しい世界の情報をつなげようとします．

しかし，新しい世界の情報を作るためには，配送後のヨーグルト
の量を求める関数も必要です．そこで，先ほどの in のコネクタに
続けて，次の yogurt_haiso 関数を局所定義します．この関数は

milk_haiso 関数の牛乳の部分をヨーグルトに変更しただけで，ほとんど milk_haiso 関数と同じです．

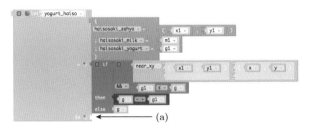

(a)

これで milk_haiso 関数と yogurt_haiso 関数を局所定義できました．yogurt_haiso 関数の in コネクタの先 (a) ではこれら両方の関数を使うことができます．

　さらに，ここに次の koushin 関数の局所定義を加えます．

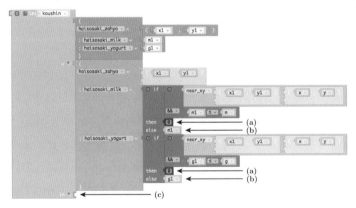

(a)
(b)
(a)
(b)
(c)

この関数は，配送後の配送先の情報を返します．牛乳，ヨーグルトが配送された場合は必要な量を 0 にし (a)，配送されなかった場合は元の値にしています (b)．

　これで必要な関数がすべて揃いました．koushin 関数の in コ

ネクタの先 (c) ではこれらの関数をすべて使うことができます．こ
れらを使って新しい世界の情報を作りましょう．それには以下のブ
ロックを koushin 関数の in コネクタにつなげます．

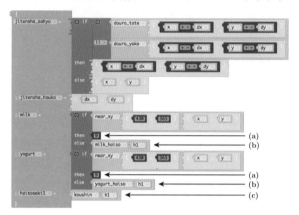

以上のブロックをすべてつなげた巨大なブロックが on_tick 関数
の定義になります．

　最終的に返す新しい世界の情報がどのようなものかを見ておきま
しょう．自転車に積んでいる牛乳の量は，（前と同じく）自宅付近
にいるなら 9 にし (a)，そうでなければ局所定義した milk_haiso
を使って新しい牛乳の量を計算します (b)．milk_haiso は，普段
は元の m を返しますが，配送先の近くに到着したときは積んでい
る牛乳の量と必要な牛乳の量にしたがって m または $m - m_1$ を返
します．自転車に積んでいるヨーグルトの量も同様です．最後に，
配送先の情報は koushin を使って更新します (c)．

10.9 局所関数の身近な例

　局所関数の考え方は少し難しく感じたかもしれません．ですが，これは日常的に起きている普通の考え方です．例えば，パン屋でパンを袋詰めしている場面を考えてみましょう．このパン屋では，日替わりで特定のパンを特売しています．特売するパンは，一袋3つ入りで，特売するパンは毎日，変わります．特売するパンを用意するには，あらかじめ袋詰めをしておかなくてはなりません．この袋詰めの作業を関数ととらえてみましょう．この作業は，指定されたパンを3つ取り，袋に入れて，口を閉じ，紐で結んで，特売シールを貼ります．ですが，どのパンを袋に入れるかは当日，特売するパンが決まるまでわかりません．したがって，袋詰めの作業は特売するパンが決まって初めて完全に規定されるのです．実際，パンの種類によって袋に入れる方法は微妙に異なるかもしれません．このように，状況が整って初めて規定できる作業というのはいろいろなところで見つかります．これをプログラムでは局所関数と呼んでいるだけです．

　以上で配送先における世界の情報を更新できるようになりました．これでプログラムを実行すると，自転車が配送先に到着したところで自転車に積んでいる牛乳の量と配送先に必要な牛乳の量が変化するようになります．（配送先のヨーグルトの必要量が 0 でなければ，ヨーグルトの量も変化します．）配送が終わったら自宅に戻ってみましょう．すると牛乳の量が 9 に増えます．今はこれだけしかできませんが，次の章で配送先を増やしたら配送するごとに数字が変化するようになります．

10.10 本章のまとめ

　この章では，意味的につながりのあるデータをまとめることで，複数のデータをひとまとめに扱えることを見てきました．実際，配送先のデータをひとつにまとめ，配送先に対する関数を定義することで，必要なとき以外は内部のデータを見ることのない形で配送先を追加しました．その際，一部の場所のみで意味を持つ局所関数の考え方を導入しました．

　プログラムが複雑になってくると，次第にプログラム全体を把握するのが大変になってきます．そんなとき，つながりのあるデータをひとまとめに扱うのは重要です．それを通して，細部にとらわれることなく全体を理解することができるようになります．

　配送先が加わりプログラムはかなり複雑になってきましたが，ブロックを組み上げてプログラムを作る作業自体はそれほど難しくはありません．実際，この章で検討したことは配送先で牛乳が足りなかった場合にどうするかなど，そもそもどういう風にゲームが進んでいくかということで，ブロックの使い方という意味で導入したのは新しい型の宣言や局所関数程度です．一度，これらの概念を理解すれば，ブロックを組み上げること自体はそれほど難しくはないのです．難しいのは，そもそも問題はどのようになっていて，それにどのように対処すればよいのかを考える部分です．意味的につながりのあるデータをひとつにまとめたり，局所関数を導入したりするのは，その対処法を考える際の助けとなるものです．そして，この考え方はプログラミングのときだけでなく，日常生活でもいろいろな問題解決をする場面で役に立ちます．

　この章で配送先の情報をコンパクトにまとめたので，配送先を増やすのは楽になります．次章では，配送先を複数にするとどうなるかを見ていきます．

11 大量のデータを一括して処理する

　前の章では，配送先のデータを追加して一か所なら配送できるようになりました．この章では，より多くの配送先を追加すると何が起きるのかを見ていきます．

11.1 ふたつ目の配送先を追加

　前の章では，配送先を一か所だけ作りました．同様にして配送先をもう一か所，追加するのは難しくありません．配送先の情報は haisosaki_t という型のレコードになっていますので，単にその型を持つ第二の配送先を付け加えればよいだけです．その結果 world_t の定義は以下のようになります．

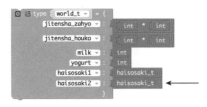

このように変更すると当然，世界の初期値 initial_world で新たに haisosaki2 の初期値を定める必要があります．また，これまでのように draw, on_key, on_tick 関数では，haisosaki2 のぶんのパラメタが増えるので，その変数名を定める必要があるでしょう．さ

らに，世界の情報を返す `on_key`, `on_tick` 関数では，`haisosaki2` の暫定値を入れてあげる必要があります．その上で，`draw` 関数では新しい配送先の情報を画面に出すようにし，`on_tick` 関数では新しい配送先でも牛乳とヨーグルトの数が変化するようにします．

以上の作業は，これまでの知識を使うと簡単に行うことができます．ですが，この先，さらに多くの配送先を加えることを考えると少し手直ししておいた方がよい部分があります．そこで，最後の `draw` 関数の変更と `on_tick` 関数の変更は節を改めて少し詳しく見ておきましょう．

11.2 ふたつ目の配送先情報の表示

ふたつ目の配送先の牛乳とヨーグルトの量を画面に表示するには，それぞれ `place_image` ブロックを使えば前と同じようにできます．しかし，配送先がひとつ増えるたびにプログラムが大きく変更になるのは好ましくありません．そこで，ここでは `place_image` ブロックを使うのではなく，関数の名前が複数形になっており，風景に複数の画像を一度に置くことのできる `place_images` ブロックを使います．このブロックは，風景の上に置くべき画像と座標をひとつずつ受け取ってくるのではなく，それぞれをリストにして複数，受け取ってきます．リストというのは，同じ種類のデータがたくさん並んだもののことです．すると `place_images` ブロックは，受け取った風景の上に受け取った画像をすべて乗せていきます．リストの中の最初の画像は，座標のリストに入っている最初の座標に，2 番目の画像は 2 番目の座標に，という具合です．

place_images ブロックを使うと draw 関数は以下のように作れます.

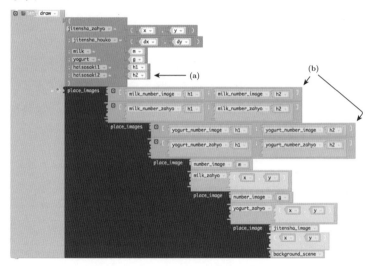

これまでの draw 関数と異なるのは, ふたつ目の配送先の情報を h2 に受け取ってきていること (a), そして配送先の情報を表示する部分で place_images を使ってふたつの配送先の情報を表示していること (b) の 2 点です. 配送先の情報を表す画像と座標はそれぞれ というリストブロックに入っています. を使うと, リストブロックに入る要素の数を好きなように変更できます. このような形にすると今後, 配送先が増えたときには単にリストの要素を増やせばよいだけになり, 配送先を増やすのが楽になります.

11.3 ふたつ目の配送先情報の更新

同じような形で on_tick 関数も配送先を追加しやすい形にした
いところです．on_tick 関数が返す世界の情報のうち haisosaki2
フィールドについては簡単です．haisosaki1 フィールドと同じよ
うに `koushin` `h2` とすればよいでしょう．しかし，milk フィール
ドと yogurt フィールドについては，少し考えなくてはなりません．

前の章では，自転車に積んでいる牛乳とヨーグルトの量は

- 配送できるなら配送した量を減らす
- 配送できないなら元のまま

という形で変更しました．配送先が増えると，これは

- 最初の配送先に配送できるなら，その配送量を減らす
- 次の配送先に配送できるなら，その配送量を減らす
- どこにも配送できないなら元のまま

という形になります．この方針でプログラムを作ると，配送先が増
えるたびに条件分岐を加えなくてはならなくなります．配送先がふ
たつ程度ならまだよいですが，作ろうとしている配送シミュレー
ションゲームには配送先が 16 か所あります．それだけの数の条件
分岐を書くのはなかなか大変です．また，配送先が増えるたびにプ
ログラムを変更するのは好ましくありません．そうではなく，前の
節と同じようにリストの中のデータを増やすだけにしたいところで
す．そこで，次のようにしてみます．

- 各配送先では，配送できるならその量，配送できないなら 0 を
  配送量と定義する．
- もともと自転車に積んでいた牛乳，ヨーグルトの量から「各配

　送先の配送量の合計」を減らす.

自転車が配送先に到着しないと配送はできないので，ほとんどの配送先の配送量は 0 になります．自転車が配送先に到着し，なおかつその配送先に十分な量の牛乳，ヨーグルトを積んでいたときに限り，その配送先の配送量が 0 ではなくなります．配送量をこのように各配送先ごとに定義すると，新たな配送先が追加されたときに条件分岐を加える必要はなく，追加された配送先の配送量を「各配送先の配送量の合計」に含めればよいだけになります．

　以上の方針のもと on_tick 関数を変更しましょう．まず milk_haiso 関数と yogurt_haiso 関数を「配送後に自転車に積まれている牛乳，ヨーグルトの量」ではなく，「配送先に配送された牛乳，ヨーグルトの量」を返すように変更します．on_tick 関数は巨大なので，これらが局所定義されている部分を示します．

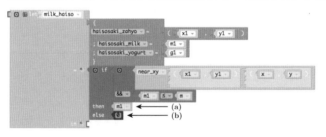

これまで $m - m_1$ を返していた部分が m_1 になり (a)，m を返していた部分が 0 になっています (b)．yogurt_haiso 関数についても同様です．

　milk_haiso 関数と yogurt_haiso 関数を変更できたら，on_tick 関数が返す新しい世界の情報を次のようにします．

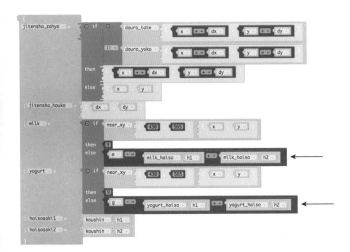

以前から変更があったのは milk フィールドと yogurt フィールド
です．それぞれ「元の牛乳，ヨーグルトの量から，ふたつの配送先
の配送量の合計を引いた数」を返すようにしています．

プログラムを以上のような構成に変更すると，配送先が増えるた
びに配送量の部分に milk_haiso h2 ，yogurt_haiso h2 などを加え
るようにしていくだけで，複数の配送先に牛乳，ヨーグルトを配送
できるようになります．

11.4 配送先をさらに追加

ここまでの節で，配送先を加えやすい形にプログラムを変更する
ことができました．一度このように変更すると，さらに配送先を追加
するのは難しくはありません．まず，世界の情報に新たな配送先のフ
ィールドを加えて，これまで通り世界の初期値，関数のパラメタ，新し
い情報の暫定値を設定します．その上で，次の変更を行います．

- draw 関数で，表示する牛乳とヨーグルトの量のリストのところに新しい配送先を加える．ヨーグルトも同様．
- on_tick 関数で，自転車に積まれている牛乳，ヨーグルトの配送量の合計を計算する部分に新しい配送先を加える．

これらの作業はいずれも単純作業で，簡単に対応することができます．配送シミュレーションゲームには 16 か所の配送先があります．プログラムは示しませんが[1]，それらをすべて加えるのも単純作業です．

　しかし，依然として配送先が追加されるとプログラムを変更しなくてはなりません．これは，新たに配送を希望する顧客が増えるたびにプログラムを変更しなくてはならないことを意味しています．そうではなく，単に顧客のデータを増やすだけで対応できるようにはならないのでしょうか．

11.5　配送先をリストに

　顧客が増えるたびにプログラムを変更するのではなく，単に顧客のデータを増やすだけで対応できるようにするにはどうすればよいでしょうか．そのキーとなるアイディアはリストです．リストというのは，draw 関数を作るときに触れたように，同じ種類のデータがたくさん並んだもののことです．draw 関数のときには，表示する画像とその座標をそれぞれリストで表現しましたが，ここではたくさんある配送先のデータをリストで表現します．

　まず，世界の定義を次のように変更します．

---

[1]この本のウェブサイトにはプログラムが示されています．

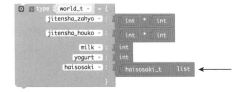

これまでは配送先を haisosaki1, haisosaki2 と並べて書いていましたが，その部分が haisosaki ひとつになっています．その型が haisosaki_t list となっていますが，これは haisosaki フィールドが配送先のリストになっていることを示しています．

このように世界の定義を変更したら，これまでと同じようにプログラム中の対応する部分を順に変更していきます．まず，世界の初期値 initial_world は以下のようにします．

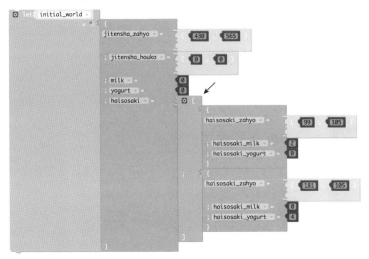

配送先を別々に書くのではなく，それらをすべてまとめてリストにして書いています．依然として，この部分は配送先が増えたら更新

しなくてはなりません．しかし，この本では述べませんが，この部分は別ファイルに記述しておいてそこから読み込んでくる形にすることができます．すると，プログラムは変更する必要がなく，別ファイルの配送先情報を書いたファイルのみを変更すればよくなります．さらに，配送先の情報をデータベースで管理し，そこから読み込んでくる形にすることもできます．

　世界の初期値を変更できたら，これまで通り関数のパラメタの変数名を決めます．world_t に含まれる配送先に関するフィールドは haisosaki だけになりましたので，その変数名を決定するだけです．ここでは haisosaki_list としておきましょう．

　次に，配送先の情報の暫定値として haisosaki_list をそのまま返すように変更します．変更の結果のブロックはここには示しませんが，詳しく見たい方はこの本のウェブサイトを参照してください．

　ここまでできたら，いよいよ配送先の新しい値を定めます．draw 関数，on_tick 関数の順で節を改めて説明します．

11.6　多数の配送先情報の表示

　これまでの draw 関数では，配送先を h1, h2 のように別々に受けとってきたら place_images を使って

という配送先の牛乳の必要量の画像を

という座標にそれぞれ配置していました．一方，新しい draw 関数は配送先の情報を haisosaki_list というリストで受け取ってきます．その中の各配送先の情報を place_images を使って表示するためには，「各配送先の牛乳の必要量の画像のリスト」と「その画像を置くべき座標のリスト」が必要です．これらを配送先のリスト haisosaki_list から作る必要があります．

　前に，リストというのは同じ種類のデータがたくさん並んだものと書きましたが，同じ種類のデータがたくさん並んでいるということは，それらに対して同じような操作を行うことが予想されます．そのためリストには多くの環境で，中のデータを一括して処理する方法が用意されています．ここでは，その中から List.map というブロック

を使います♠2．次の節では **sum** というブロックも使います．

　List.map ブロックは，関数とリストを受け取ったら，リストの中のすべての要素に対して受け取った関数を施したようなリストを返します．例えば

| List.map | milk_number_image | haisosaki_list |

とすると haisosaki_list に入っているすべての配送先に対して milk_number_image 関数を施します．それで得られた数字（必要

♠2List.map というのは「List モジュール内の map という関数」という意味ですが，ここでは List.map という名前だと思ってください．モジュールというのは，関連する変数や関数の定義などをひとまとめにしていろいろな場面で使えるようにしたものです．

な牛乳の量）の画像たちのリストが上のブロックの結果になります。

List.map の最初のパラメタ部分には関数が穴のない形で入ることに注意をしましょう。穴のない関数ブロックを作るには、関数名の部分を option キー（または alt キー）を押しながらドラッグします。

haisosaki_list の長さはいくつでも構いません。例えば haisosaki_list が h1 ひとつからなるリストであれば、結果は  ひとつからなるリストになります。一方、haisosaki_list が h1 と h2 のふたつの配送先からなるリストだったら、結果は

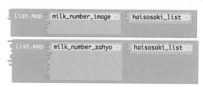

というふたつの画像からなるリストになります。このような形でプログラムを作っておけば、プログラムの他の部分は変更しなくても単に haisosaki_list を変更するだけで配送先の追加に対応できます。

List.map ブロックを使うと、これまでの place_images のふたつのパラメタは以下のように書けます。

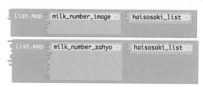

ヨーグルトについても同様です。

List.map は、リストに入った大量のデータを処理するときに力を発揮します。これは、例えば喫茶店でたくさんのパフェを作っているときの工程に似ています。たくさんのパフェを一度に作るに

は，まず空のグラスを必要なぶんだけ机に並べます．次に，そのそれぞれに対して例えばアイスクリームを入れたりします．これは List.map でやっているのと同じ処理です．リストに入った空のグラスそれぞれに「アイスクリームを入れる」という処理を施した結果，アイスクリーム入りのグラスのリストを得ているのです．さらに，その後，それぞれにフルーツを入れたり，クリームを乗せたりするかもしれません．言い方を変えると，リストに入っている各パフェに対して別の処理を施すこともあります．そのため List.map はひとつ目のパラメタとして施すべき処理を関数として受け取ってくるようになっています．このように List.map というのは，大量のデータに対して同じ処理を施すという仕事を表現しています．

　以上で，配送先がいくつ追加されてもリストを使ってすべての配送先の情報を表示できるようになりました．次は，配送先の情報の更新です．

11.7　多数の配送先情報の更新

　配送先に関して on_tick 関数は，以下の 3 つの値を更新していました．

- 自転車に積んでいる牛乳の量
- 自転車に積んでいるヨーグルトの量
- 配送先の情報

配送先の数が増えてもこれらの変更を行えるようにしていきましょう．

　この中で，最後の配送先の情報の更新は List.map ブロックを使

うと簡単に行うことができます．これまで，この部分は h1 など具体的な配送先の情報を koushin 関数に渡すことで情報を更新していました．一方，ここではリストに入っているすべての配送先について更新したいので

とします．これで haisosaki_list 中のすべての配送先が koushin 関数によって更新されます．

　一方，自転車に積んでいる牛乳，ヨーグルトの量については，少し考察が必要です．これまでは，例えば牛乳の量であれば

というように自転車に積んでいる牛乳の量から配送した牛乳の量の合計を引いていました．これを配送先の数が増えても対応できるようにしなくてはなりません．上の値を求めるためには，まず各配送先の配送量の合計を求める必要があります．そこで

として各配送先の配送量のリストを作ります．この段階で，例えば haisosaki_list が h1 と h2 のふたつからなるようなリストであれば，上の式の値は

となります．このリストの要素の合計が各配送先の配送量の合計になります．それには，リストの要素の合計を計算する 関数を使います．あとは，その合計を m から引いてやればよいことがわかります．最終的に次のようになります．

これで，haisosaki_list の長さがいくつでも，その配送量の合計を求めることができ，配送後の自転車に積まれている牛乳の量を出せるようになります．ヨーグルトについても同様です．

以上で，配送先がいくつに増えても対応できるようになりました．配送先の個数を変えるのは簡単です．単に initial_world の haisosaki の部分を変更するだけです．

11.8 本章のまとめ

この章では，リストを使うことで多くのデータを一括処理する方法を見てきました．多くのデータをまとめて一括処理できるようになると，大量のデータであってもそれを意識せず，あたかもひとつのデータであるかのように扱うことができるようになります．この本では一括処理の代表として と を紹介しましたが，これ以外にも条件を満たすものを抽出したり，値をまとめあげたりする関数などが用意されています．こういった関数を上手に利用できるようになると，プログラムを変更しなくてもリストに入れるデータを変更するだけで大量のデータを扱えるようになります．これは，例えば表計算ソフトにたくさんのデータの合計を求める方法が用意されているのと似ています．そのような機能を使いこなせるようになると，大量のデータを扱うのが楽になります．

11.9 さらなる拡張へのアイディア

　この章で配送シミュレーションゲームの作成は一段落です．この本では，具体的な配送シミュレーションゲームをひとつ作りましたが，その中身を見てみると自分でさらにいろいろな変更を加えられそうなことがわかります．例えば，自転車が道路上に乗っているかどうかの判定を変更すれば，別の背景画像を使ったゲームにすることができます．また，特定のキーを押したら 2 倍の速度で進むようにしたいと思ったら on_key 関数に場合分けを加えて jitensha_houko フィールドの値を 2 倍に（例えば $(-1, 0)$ から $(-2, 0)$ に変更）すればよいでしょう．さらに，時間制限を設けることも可能です．作成したゲームでは世界の情報に時間のデータがないので時間制限をそのまま加えることはできません．しかし，tick イベントが 20 ミリ秒ごとに呼ばれることがわかっていますので，世界の情報に時間を加えてそれを on_tick 関数の中で増やしてあげればゲーム開始からの時間がわかります．それを使えば時間制限を加えたり，ある程度の時間が経過したときに配送先で必要な牛乳，ヨーグルトの量を増やすこともできます．また，乱数を生成するブロックを使えば必要な牛乳，ヨーグルトの量をランダムな値にすることもできるでしょう．

　このように，プログラムを変更するといろいろなゲームを作ることができます．そして，その動作は紛れもなく皆さんが指定した通りになります．コンピュータは魔法で動いているのではなく，まさに皆さんの書いたプログラムに操られているのです．次の章では，配送シミュレーションゲームの作成を通して何を学んだのかを整理してこの本のまとめとします．

12 ま と め

　この本では，配送シミュレーションゲームの作成を通してコンピュータを操る，プログラミングをするというのがどういうことかを見てきました．実際に作ってみて，皆さんはどのような感想を持ったでしょうか.

12.1 プログラミングを知る

　意外と簡単そうだと思われた方がいらっしゃると思います．できあがった配送シミュレーションゲームは，それほど単純ではありませんが，ブロックプログラミング環境を使うと些細な間違いに足をすくわれることなく，それなりの大きさのプログラムを作ることができます．また，ゲームを「世界の情報」でモデル化することで，各種の動きを世界の情報の変化として表現でき，複雑に見える挙動も比較的，単純に表現できます．このような土台が整っていると，プログラミングはそこまで難しいものではないのです.

　一方，細かい規則があり，知らなくてはいけない知識も多く，やはりプログラミングは難しいと感じた方がいるかもしれません．この本で使用したブロックプログラミング環境でさえいろいろな決まりごとがあります．テキストベースのプログラミングをしようとしたら，これよりもはるかに多くの規則にしたがってプログラムを書

かなければなりません．また，多種多様な機能が提供されていることがほとんどで，それらを理解し，その中から自分に必要なものを選び出すのも簡単ではないでしょう．そのような壁が立ちはだかっていては，多くの人がプログラミングに手を出せないのもうなずけます．

　ですが，実際に自分でプログラミングをしなくても，プログラミングをするということがどういうことなのかを知っていることには大きな意味があります．それは，問題解決を図るときに一般に使える考え方「情報科学的なものの考え方」をとても多く含んでいるからです．この本では，その中からデータの収集と分析・モデル化，データの表現，問題の分割と抽象化，自動化（決められた手続き（プログラム）による実行）などをとりあげ，具体的にどのようなことを考えなくてはならないかを述べてきました．こういった考え方は，プログラミングをしているときに限らず，日常生活において問題解決を図るときにも直接，役に立ちます．複雑に見える問題も，適切にモデル化し，分割し，抽象化することで対処していくことができるようになるのです．

12.2 なぜプログラミングか

　この本では，ブロックプログラミング環境を使って情報科学的なものの考え方を説明してきました．これは，情報科学的なものの考え方をするためにはブロックプログラミング環境が必要だということではありません．情報科学的なものの考え方というのは，特定の環境でどのように対処したらよいかを示すのではなく，どのような

環境であっても対応できるようにするための心構えを示すものです．この本ではブロックプログラミング環境を例にとって説明してきましたが，重要なのはそこで「どのようなプログラムを作ったか」ではなく，そのプログラムを「どのようにして作ったか」です．

この本を読んで多くの人が感じたことと思いますが，コンピュータは決してこちらの意図を察して動いてくれる夢の機械ではありません．実は，プログラムで指示したことしかしない究極の「わからずや」です．そのようなコンピュータに仕事をさせるためには，こちらは完璧な指示を与えないといけません．このことは，私たちこそが本質的なところをしっかり考えなくてはならないことを意味しています．

最初のうちは，コンピュータにさせる仕事を順に書きさえすればプログラムになると感じることがあります．しかし，問題が複雑になり本質的なところに集中するようになると，逆にどのような指示を出したらよいのかを考えさせられるようになります．問題がどのような構造を持っているかを整理して，可能なアプローチを列挙し，その中から最もよいと思われる解を探さなくてはなりません．さらに，それで本当に解が求まっているのかを論理的に考えなくてはならなくなります．この過程で必要な力が「情報科学的なものの考え方」そのものです．プログラミングをすると情報科学的なものの考え方をするようになる，せざるを得なくなるのです．これがプログラミングが重要視されている理由です．

一度，情報科学的なものの考え方を身につけると，それは皆さんの普段の行動に影響を及ぼすようになります．これまで気の向くままに行動してきたところを，プログラミングを体験することで状況

を分析できるようになっていきます．その本質が何で，それに対して
てどう対処すればうまくいくのかを論理的に考えられるようになって
いきます．これを突き詰めていくと，自分はどのようにしたいと
思っているのか，そもそも自分はいったい何を考えているのか，と
いったことを考えさせられるようになります．この哲学的な問いに
向かい合うことこそがプログラミングをすることの究極的な意味か
もしれません．皆さんがこの本を通して少しでも世界の見方が変
わったとしたら望外の喜びです．